Kundennutzen: die Anwendung im Verkaufsgespräch

Thomas Menthe • Manfred Sieg

Kundennutzen: die Anwendung im Verkaufsgespräch

So verhandeln Sie wert- und nutzenorientiert

Thomas Menthe
Kaarst, Deutschland

Manfred Sieg
Althengstett, Deutschland

ISBN 978-3-8349-3620-2 ISBN 978-3-8349-3621-9 (eBook)
DOI 10.1007/978-3-8349-3621-9

Die Deutsche Nationalbibliothek verzeichnet diese Publikation in der Deutschen Nationalbibliografie; detaillierte bibliografische Daten sind im Internet über http://dnb.d-nb.de abrufbar.

Springer Gabler
© Springer Fachmedien Wiesbaden 2013
Das Werk einschließlich aller seiner Teile ist urheberrechtlich geschützt. Jede Verwertung, die nicht ausdrücklich vom Urheberrechtsgesetz zugelassen ist, bedarf der vorherigen Zustimmung des Verlags. Das gilt insbesondere für Vervielfältigungen, Bearbeitungen, Übersetzungen, Mikroverfilmungen und die Einspeicherung und Verarbeitung in elektronischen Systemen.

Die Wiedergabe von Gebrauchsnamen, Handelsnamen, Warenbezeichnungen usw. in diesem Werk berechtigt auch ohne besondere Kennzeichnung nicht zu der Annahme, dass solche Namen im Sinne der Warenzeichen und Markenschutz-Gesetzgebung als frei zu betrachten wären und daher von jedermann benutzt werden dürften.

Lektorat: Manuela Eckstein und Gabi Staupe
Einbandentwurf: Satz & Bild Kubicek GmbH, Hofheim-Diedenbergen

Gedruckt auf säurefreiem und chlorfrei gebleichtem Papier

Springer Gabler ist eine Marke von Springer DE. Springer DE ist Teil der Fachverlagsgruppe Springer Science+Business Media
www.springer-gabler.de

Vorwort

Kundennutzen ist das am wenigsten behandelte Thema im Vertrieb und in der Unternehmensführung. Diese Erkenntnis gewannen wir im Laufe unserer Verkaufstätigkeit, Ergebnis- und Personalverantwortung im Vertrieb sowie aufgrund unserer gesammelten Erfahrungen als selbständige Berater, Sparringspartner und Trainer für ganzheitliche Unternehmens- und Personalentwicklung.

Viele Anbieter und Verkäufer reden nur über Produktvorteile und den Preis. Aus Kundensicht ist der Preis das Einzige, was er außer Daten wie Menge, Gewicht etc. vor der Entscheidung für einen Lieferanten objektiv vergleichen kann. Nicht vergleichen kann der Kunde in der Regel die für den Preis gebotene Gesamtleistung aus harten und weichen Faktoren und dem sich für ihn daraus entwickelnden Gesamtnutzen.

Der gelieferte Kundennutzen ist jedoch von großer Bedeutung. Er stellt die alleinige Existenzberechtigung für den Anbieter dar. Unternehmen, die ihren Kunden keinen Nutzen bieten, benötigt der Markt nicht.

In fast allen Branchen gibt es ein Überangebot an austauschbaren Produkten und Dienstleistungen. Demzufolge ist die Herausstellung des emotionalen und wirtschaftlichen Kundennutzens und Mehrwerts von höchster strategischer Bedeutung.

Nachdem wir in unserem Buch „Kundennutzen: die Basis für den Verkauf" die Grundlagen behandelten, vermittelt das vorliegende Buch den Umgang mit dem Kundennutzen im Verkaufsgespräch. Dabei wenden wir uns vor allem an Verkäufer und Vertriebsverantwortliche. Das Thema ist im Prinzip jedoch für alle Menschen interessant, die Ideen, Produkte, Dienstleistungen oder Projekte verkaufen oder Budgets beantragen. Die vielen Beispiele, Praxistipps, Checklisten und Übungen helfen Ihnen beim Durcharbeiten des praxisnahen Inhalts. Sie erfahren, wie Sie Ihre Aufgaben effektiver und effizienter wahrnehmen können und auch darüber hinaus Ihren finanziellen Erfolg garantiert steigern. Der Inhalt behandelt zwar in weiten Teilen und Beispielen das Geschäft zwischen Unternehmen (B2B), ist aber prinzipiell auch uneingeschränkt für das Konsumentengeschäft (B2C) gültig und einsetzbar.

Wie Sie mit dem Buch arbeiten können

Dieses Buch ist als Nachschlagewerk und Arbeitsbuch konzipiert und behandelt folgende Schwerpunktthemen:
- Den Verkaufsprozess und die Verkaufsgesprächsstrategie
- Die neuesten Erkenntnisse der Hirnforschung in Hinblick auf den Verkauf
- Die Verkaufsstile Beratungs- und Beziehungsverkauf
- Die methodische, werteorientierte Gesprächsführung
- Die nutzenorientierten Fragetechniken
- Die Erarbeitung einer überzeugenden Nutzenargumentation
- Die nutzenorientierte Verhandlungsführung

Das Stichwortverzeichnis am Ende des Buches dient zur schnellen Themenfindung.

Alle Berufs- und Kundenbezeichnungen beziehen sich immer auf Männer und Frauen. Aus Gründen der besseren Lesbarkeit haben wir die männliche Anredeform gewählt. Die Leserinnen, die selbstverständlich gleichermaßen angesprochen sind, bitten wir hierfür um Verständnis. Und wenn im Buch von Produkten die Rede ist, meinen wir natürlich sinngemäß auch Dienstleistungen und Komplettlösungen. Alle erwähnten Marken sind eingetragen und registrierte Markenzeichen der Unternehmen.

Wir wünschen Ihnen viel Freude beim Lesen, inspirierende Erkenntnisse und Anregungen für Ihre Arbeit und natürlich viel Erfolg bei der Umsetzung. Falls Sie tiefer in das Thema einsteigen und mehr über die Entscheidungsfindung und Neuroökonomik sowie Grundlagen der Nutzenbestimmung und den Nutzennachweis für externe Begleitung (Beratung, Training) erfahren wollen, so empfehlen wir Ihnen unser erstes Buch „Kundennutzen: die Basis für den Verkauf".

Wenn Sie Rückfragen oder konstruktive Anregungen haben, nehmen Sie gerne Kontakt mit uns auf. Unsere Kontaktdaten finden Sie am Ende dieses Buches.

An dieser Stelle bedanken wir uns bei allen Menschen, die uns mit ihren Erfahrungen, Anregungen, Meinungen, Tipps und in sonstiger Weise unterstützt haben.

Thomas Menthe, Manfred Sieg

Inhaltsverzeichnis

1. **Zum Nutzen führt der Wert** 1
   1.1 Ein Mehrwert-Verkäufer hat viele Kompetenzen 2
   1.2 Welche besonderen Merkmale zeichnen Mehrwert-Verkäufer aus? 5
2. **Die Phasen im Verkaufsprozess** 7
   2.1 Ohne Vorbereitung geht es nicht 7
   2.2 Auf den Gesprächspartner einstellen 12
3. **Die Verkaufsgesprächsstrategie** 15
   3.1 Motivation des Kunden 15
   3.2 Motive des Kunden erkennen 17
   3.3 Strukturierte Gesprächsführung 19
      3.3.1 Gesprächseröffnung 19
      3.3.2 Die Sie-Einstellung 21
      3.3.3 Die Ich-Einstellung 21
      3.3.4 Wer ist der richtige Gesprächspartner? 22
      3.3.5 Wie gelingt es Ihnen, Interesse zu wecken? 22
      3.3.6 Die Gesprächseröffnung im vereinbarten Termin 25
      3.3.7 Über die Anforderungen der Kunden des Kunden sprechen 27
      3.3.8 Bedarf bewusst machen 28
      3.3.9 Handlungsauslösende Fragen stellen 30
   3.4 Problemlösung anbieten 30
      3.4.1 Fassen wir noch einmal zusammen 32
      3.4.2 Alleinstellungsmerkmale (USP) 33
      3.4.3 Beweis erbringen 34
4. **Der Nutzen der Neuroökonomik** 37
   4.1 Entscheidungen und Restriktionen 40
   4.2 Fünf Punkte bestimmen unser Handeln 42
   4.3 Wahrnehmen und Erkennen 43
   4.4 Vertrauen, Rationalität und Irrationalität 47

		4.4.1 Facial Coding	49
		4.4.2 Die Rolle von Vertrauen in der Vertragsphase	50
		4.4.3 Gefühle, Körpersprache und Mimik	53

5. Verkaufsstile Beratungs- und Beziehungsverkauf 55
   5.1 Der beratungsorientierte Verkaufsansatz
       (Consultative Value Selling) 57
       5.1.1 Was erwarten Kunden? 57
       5.1.2 Kundenprobleme 58
       5.1.3 Die Leistung 58
       5.1.4 Vorteile und Nutzen einer strategischen Partnerschaft 59
       5.1.5 Strategisches Verkaufen und komplexe Verkaufsprozesse 60
       5.1.6 Entscheidergruppen gewinnen (Buying-Center) 61
       5.1.7 Die betriebliche Wertschöpfungskette 64
   5.2 Beziehungsverkauf 66
       5.2.1 Relationship Selling 68
       5.2.2 Der Prozess 70

6. Wertorientierte Diskussion mit dem Kunden (Powerbase Selling) 75
   6.1 Wie viel Mehrwert können wir hinzufügen? 75
   6.2 Kundennutzen und Mehrwertfaktoren 86
   6.3 Die Mehrwertaussage im Verkaufsalltag 87
   6.4 Das Mehrwertversprechen 91

7. Nutzenorientierte Fragetechniken 95
   7.1 Die offene Frage 97
   7.2 Die reflektierende Frage 99
   7.3 Die richtungsweisende Frage 101
   7.4 Informationsfragen (Orientierungsfragen) 103
   7.5 Verständnisfragen 104
   7.6 Problemfragen 105
   7.7 Herausfordernde Fragen 106
   7.8 Entscheidungsfragen 108

8. Fünf Schritte zur wirkungsvollen Nutzenargumentation 113

9. Die Nutzenargumentation und Präsentation im Verkaufsprozess 117
   9.1 Effektive Verkaufskommunikation 117
   9.2 Die Nutzenargumentation 117
   9.3 Die Nutzenargumentation im Verkaufsprozess 119
   9.4 Praxistipp: das Nutzendokument 122

10. Nutzenorientiert verhandeln 131
   10.1 Preise und Lieferbedingungen 131
   10.2 Preisverhandlung 134

11. Einwandbehandlung 141
   11.1 Unausgesprochene Einwände 142
   11.2 Ausgesprochene Einwände 143

11.2.1	Eindeutig unsachliche Einwände	143
11.2.2	Bedarfsbezogene Einwände	143
11.2.3	Eindeutig sachliche Einwände	144
11.3	Einwänden begegnen	145
11.4	Methoden der Preis-Argumentation	147

Literaturverzeichnis 153

Index 155

Die Autoren 159

Stimmen zum Buch 161

Abbildungsverzeichnis

Abb. 1.1	Drei Ebenen im Kaufgespräch (M. Sieg)	2
Abb. 1.2	Berufliche Kompetenz im Verkauf (Berger, Nachfrage-Sog-System© 2007)	5
Abb. 3.1	Das Eisbergprinzip im Verkauf (M. Sieg)	16
Abb. 3.2	Branchenspezifische Erfolgsfaktoren und Kundennutzen (M. Sieg)	27
Abb. 3.3	Mit dem Kunden über dessen Kunden sprechen (M. Sieg)	28
Abb. 3.4	Erfolgsfaktoren im Verkauf (M. Sieg)	36
Abb. 6.1	Die Unterkategorien und Elemente von Kundennutzen (T. Menthe)	86
Abb. 9.1	Kunden kaufen Nutzen und haben Motive (M. Sieg)	119
Abb. 9.2	Preis/Wert (M. Sieg)	120
Abb. 9.3	Wert/Preis (M. Sieg)	121
Abb. 10.1	Den Preis in die Zange nehmen (M. Sieg)	135
Abb. 10.2	Die vier Phasen der Verhandlung (M. Sieg)	140

Tabellenverzeichnis

Tab. 1.1	Sozial- und Selbstkompetenz	3
Tab. 1.2	Fach- und Methodenkompetenz	4
Tab. 1.3	Kontaktebenen und Anforderungen an Mehrwert-Verkäufer	6
Tab. 2.1	Phasen im Verkaufsprozess	8
Tab. 2.2	Checkliste zur Gesprächsvorbereitung	11
Tab. 2.3	Gesprächspartner und Kundennutzen	13
Tab. 3.1	Beispiel eines Gesprächsleitfadens	24
Tab. 3.2	Beschaffungsphasen und Rollen im Buying-Center (Godefroid/Pförtsch 2009)	31
Tab. 5.1	Jagen und Verkaufen sind vergleichbar	56
Tab. 5.2	Vergleich Verkaufswelten Mechanismus vs. Organismus (Cathcart 2002)	69
Tab. 6.1	Acht Kriterien zur Nutzengenerierung und Mehrwertbewertung	76
Tab. 6.2	Checkliste Nutzenangebot	85
Tab. 6.3	Mehrwert-Anwendungsmöglichkeit	94
Tab. 7.1	Fragetechniken mit Beispielen	96
Tab. 7.2	Fragearten und Fragetechnik	104
Tab. 7.3	Szenariobeschreibung (Übung)	110
Tab. 7.4	Motivbasierte und nutzenorientierte Fragen (Übung)	110
Tab. 8.1	Fünf Schritte zur wirkungsvollen Nutzenargumentation	114
Tab. 9.1	Das Nutzendokument	123
Tab. 11.1	Methoden der Preis-Argumentation	148
Tab. 11.2	Angebotsvergleich	152

Zum Nutzen führt der Wert 1

Oft wird vom „idealen Verkäufer" oder auch vom „geborenen Verkäufer" gesprochen. Beide gibt es nicht! – Es gibt eigentlich nur den mehr oder weniger gut ausgebildeten Verkäufer. Gut ausgebildet heißt: Er muss die wesentlichen Vorgänge beim Verkaufsgespräch steuernd beeinflussen und damit die Wahrscheinlichkeit für den Auftrag erhöhen können. Darum bezeichnen wir das Verkaufsgespräch als Überzeugungsvorgang auf drei Ebenen zwischen Verkäufer und Kunden (siehe Abb. 1.1).

Alle drei Ebenen müssen in einem Verkaufsgespräch zwingend angesprochen werden.

Sympathie schafft Gesprächsbereitschaft und ist Voraussetzung für einen konstruktiven Dialog. Erst wenn der Kontakt zum Gesprächspartner hergestellt ist, können sachliche Informationen (Verstandesebene) sinnvoll ausgetauscht werden.

Um zumindest einen zeitweiligen Einklang auf der Gefühlsebene zu erreichen, sprechen Sie folglich Ihren Gesprächspartner nicht nur als potenziellen Kunden, sondern auch als Menschen an.

Informationen sollten immer auch Gefühle adressieren oder auslösen. Denn die Intensität der Gefühle bestimmt maßgeblich die Handlungsbereitschaft und Handlungsrichtung des Gesprächspartners auf der Willensebene. Die Nutzenargumentation ist hierfür bestens geeignet, weil sie Kaufmotive anspricht.

Erfahrungsgemäß sind jedoch etwa zwei Drittel aller Verkäufer nicht in der Lage, dem Kunden plausibel und motivierend den konkreten Nutzen eines Produktes oder einer Lösung zu erläutern!

Verkäufer müssen in der Lage sein, Wertdifferenzen statt Preisdifferenzen mit dem Kunden zu diskutieren. Denn zum Nutzen führt der Wert, nicht der Preis.

Obwohl der Mitbewerber das gleiche Angebot zum wesentlich niedrigeren Preis anbietet, verhandelt der Kunde hartnäckig mit dem Ziel, die vom Verkäufer angebotene Leistung zum niedrigeren Konkurrenzpreis zu erhalten. Ein Widerspruch, der die höhere Werteinschätzung unseres Angebotes durch den Kunden still bestätigt, oder?

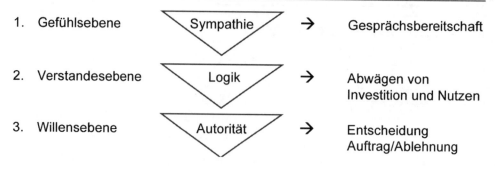

Abb. 1.1 Drei Ebenen im Kaufgespräch (M. Sieg)

Vertriebsorientierte Unternehmen erarbeiten daher für ihre Produkte und Dienstleistungen eine überzeugende Nutzenargumentation und trainieren ihre Verkäufer in der Anwendung.

1.1 Ein Mehrwert-Verkäufer hat viele Kompetenzen

Die wichtigsten Wettbewerbsfaktoren in unserem Wirtschaftsleben sind Zeit und das Wissen, Können sowie Wollen des Personals. Die Entscheidungsenergie des Kunden, die von den Verkäufern und anderen Personen mit Kundenkontakt erzeugt wird, ist nachgewiesenermaßen um ein Mehrfaches höher als die von dem Produkt oder dem Unternehmen ausgehende Anziehungskraft.

Verkaufen ist eine Berufung, kein Job. Es ist ein Beruf, dessen Techniken erlernbar und ausbaufähig sind. Gute Verkäufer haben an ihrem Beruf Freude.

Jede Aufgabe erfordert die richtige Person, mit dem richtigen Wissen, Können und Wollen. Die Handlungskompetenz setzt sich aus vier Kompetenzbereichen zusammen:

- Sozialkompetenz
- Fachkompetenz
- Selbst-/Persönlichkeitskompetenz
- Methodenkompetenz

Zur Orientierung werden im Folgenden einige relevante Kompetenzen aufgezählt. Der Verkauf im Außendienst stellt deutlich mehr und spezifischere Ansprüche an die Person als im Ladengeschäft. Und bei internationalen Kunden kommen noch Fremdsprachen und interkulturelle Kenntnisse hinzu.

1.1 Ein Mehrwert-Verkäufer hat viele Kompetenzen

Tab. 1.1 Sozial- und Selbstkompetenz

Sozialkompetenz	Selbst-/Persönlichkeitskompetenz
Benimm und Stil	Disziplin
Beharrlichkeit/Stehvermögen	Ehrlichkeit
Durchsetzungsfähigkeit	Eigener Antrieb
Einfühlungsvermögen	Einstellung/Ethik
Humor	Fleiß
Kommunikationsfähigkeit	Flexibilität
Konfliktfähigkeit	Frustrationstoleranz
Kontaktfähigkeit	Kreativität
Respekt	Lernfähigkeit
Teamfähigkeit	Offenheit
Überzeugungskraft	Selbstmotivation
Zuhören	Verlässlichkeit
	Vertrauenswürdigkeit
	Werte
	Wille

> Große Bedeutung haben
> - Frustrationstoleranz
> - Beharrlichkeit/Stehvermögen
> - Kommunikationsfähigkeit
> - eigener Antrieb
> - Lernfähigkeit
> - Fleiß
> - Vertrauenswürdigkeit
> - Einstellung
> - Fähigkeit, auf Veränderungen zu reagieren bzw. Veränderungen selbst herbeizuführen.

Die Persönlichkeit ist für den Erfolg der wichtigste Teil und bietet meist noch große, nicht ausgeschöpfte Leistungspotenziale (siehe Tab. 1.1).

Fortschritt und Veränderungen erfordern ständiges Lernen (siehe Tab. 1.2).

Angesichts dieses Spektrums wird deutlich, dass Verkaufen eine anspruchsvolle Aufgabe ist und viel Training und Erfahrung erfordert.

In der Praxis erleben wir immer wieder Verkäufer, die mit detailliertem Produkt- und Anwendungswissen glänzen, aber in der verkäuferisch wirksamen Kommunikation erhebliche Schwächen haben. Vor allem Zuhören können die wenigsten Verkäufer. Dabei ist Zuhören neben der Fragetechnik die wichtigste Kompetenz in der Bedarfsklärung. Umfassende Bedarfsklärung ist zwingende Voraussetzung, um maßgeschneiderte Angebote machen zu können (siehe Abb. 1.2). Viele Verkäufer haben in erster Linie ihre eigene

Tab. 1.2 Fach- und Methodenkompetenz

Fachkompetenz	Methodenkompetenz
Anwendungs-/Verarbeitungskenntnisse	Abschlusstechniken
Branchenkenntnisse	Argumentationsfähigkeit
Fremdsprachen	Fragetechniken
Kenntnisse der technischen Abläufe	Einwandbehandlung
Kundenkenntnisse	Zielgerichtete Gesprächsführung
Marktkenntnisse	Kenntnisse der Rollenerwartungen und des Rollenverhaltens
Marketing- und Vertriebskenntnisse (Strategien und Konzepte)	Kontakt- und Beziehungsaufbau
Produktkenntnisse	Problemlösungskompetenz
Vertriebsabläufe/Kenntnisse der Vertriebswege	rhetorische Fähigkeiten
Unternehmenskenntnisse	Verhandlungskompetenz
Wettbewerbskenntnisse	Visualisieren und Präsentieren
	Ziel- und Zeitmanagement/Selbstorganisation

Verkaufsstory im Kopf und reagieren nicht flexibel auf das, was der Partner sagt. Es ist von großer Wichtigkeit, auf den Gesprächspartner einzugehen, damit sich dieser verstanden fühlt. Umfragen zufolge wird gerade dieser Punkt von Kunden am häufigsten kritisiert – sie fühlen sich nicht verstanden.

Ein Mehrwert-Verkäufer ist von seinem Selbstverständnis her ein gleichberechtigter, geachteter Gesprächspartner, der seinen Kunden aus Schwierigkeiten und Problemen hilft oder dazu beträgt, dass sie ein sorgenfreieres, bequemeres, spannenderes, sichereres, sinnvolleres (Arbeits-) Leben – eben eines mit mehr Wert – führen können.

Die zentrale Aufgabe des Mehrwert-Verkäufers besteht darin,

- die Bedürfnisse, Ziele und Motive des potenziellen Kunden zu erkennen
- und mit Lösungsvorschlägen zu versehen sowie
- deren Nutzen plus Wert im Vergleich zum Preis/zur Investition zu erläutern,
- Entscheidungshilfe zu geben und
- schließlich den Kunden zum Auftrag zu führen.

Wie im Sport gibt es auch im Vertrieb Menschen mit unterschiedlicher Qualifikation und Spielstärke – vom Anfänger und Gelegenheitsverkäufer bis zum in der obersten Liga „spielenden" Vertriebsprofi, „mit allen Wassern getauft" und parkettsicher auf allen Hierarchiestufen, lokal wie international.

Abb. 1.2 Berufliche Kompetenz im Verkauf (Berger, Nachfrage-Sog-System© 2007)

1.2 Welche besonderen Merkmale zeichnen Mehrwert-Verkäufer aus?

Neben den vorherigen Ausführungen im Abschnitt 1.1 sind folgende acht Kompetenzen besonders zu erwähnen:
1. Geschäftswissen (unternehmerisch denken und handeln …)
2. Beziehungsaufbau (auf allen Hierarchieebenen, interkulturell …)
3. Kreieren von Mehrwert (größere Wettbewerbsfähigkeit erzeugen …)
4. Top-Management-Kontakte (dorthin, wo die Budgets festgelegt werden)
5. Politische Analyse (Interessenlage der Gesprächspartner)
6. Wettbewerbsdifferenzierung (Alleinstellungsmerkmale, USP …)
7. Projektmanagement (Ressourcen optimal nutzen …)
8. Strategisches Denken im partnerschaftlichen Verkaufsansatz.

Mehrwert-Verkäufer differenzieren sich in der Rolle des verkaufenden Beraters als:

- Innovationslieferant
- Vordenker (sie erläutern fortschrittliche Trends)
- pragmatischer, anwendungsorientierter Informationslieferant z. B. (über den Markt, internationale Entwicklungen)
- Prognostiker (wie sich die Kunden mit seiner Hilfe auf künftige Entwicklungen einstellen)
- vertrauter Berater des Kunden

Tab. 1.3 Kontaktebenen und Anforderungen an Mehrwert-Verkäufer

Kontaktebene	Verantwortung für	Entscheidung über	Anforderung an Mehrwert-Verkäufer
Geschäftsleitung	Wertschöpfung Gewinn Zukunft des Unternehmens	Strategie	in Branchen und Unternehmensstrukturen denken
Beteiligte Unternehmensbereiche	Budget Betrieb Einkauf	Realisierung	in Geschäftsprozessen denken
Fachabteilung Anwender	Funktionalität Kosten Nutzen	Konzeption	in Einsatz- und Anwendungsszenarien denken

Wer im Verkauf hoch produktiv und nachhaltig erfolgreich sein will, muss sich kontinuierlich weiterentwickeln und lernen. Wer aufhört, besser zu werden, hat bekanntlich aufgehört, gut zu sein.

Die moderne Hirnforschung beispielsweise gewinnt zunehmend Erkenntnisse darüber, wie Auswahl- und Entscheidungsprozesse im Gehirn ausgelöst bzw. gesteuert werden. Diese Erkenntnisse helfen sowohl das Marketing als auch die Verkaufskommunikation „gehirngerechter" und wirkungsvoller zu gestalten (siehe Menthe/Sieg, Kundennutzen: die Basis für den Verkauf, 2012).

Die Phasen im Verkaufsprozess

Viele Verkaufszyklen, zumindest im Business-to-Business (B2B), dauern vom Erstgespräch bis zum Auftrag eher neun als drei Monate und erfordern mehrere Gespräche mit dem Kunden. Aus diesem Grund ist es nicht verwunderlich, dass die Themen Effektivität und Effizienzsteigerung im Vertrieb bei den meisten Unternehmen in der Aufgabenliste ganz oben stehen.

In den folgenden Ausführungen betrachten wir nicht erst das breite Spektrum des Push und Pull Marketings, sondern steigen direkt ein in das Gespräch zwischen dem Verkäufer und dem potenziellen Kunden.

2.1 Ohne Vorbereitung geht es nicht

Die Grundregel
Im Hinblick auf den Aufbau eines Verkaufsgespräches gibt es folgende Grundregel: Betrachte das Gespräch immer aus der Sicht des Kunden.

Unser Verkaufsgespräch ist für den Kunden ein Einkaufsgespräch. Das Gespräch durchläuft Entwicklungsstufen, auf die unser Verkaufsgespräch abgestimmt werden muss. Es beginnt nicht erst mit der Kontaktaufnahme, sondern bereits in der Vorbereitung. Weil hier im Kopf des Verkäufers (quasi als Selbstgespräch) bereits ein Bild von möglichen verschiedenen Gesprächsverläufen entsteht, auf die er sich eben alternativ vorbereiten kann.

Betrachten Sie die Tab. 2.1 einige Minuten und lassen Sie diese auf sich wirken.

Anhand eines praktischen Beispiels werden Sie die Entwicklungsstufen verstehen und nachvollziehen können.

Tab. 2.1 Phasen im Verkaufsprozess

Verkäufer	Phase	Kunde
Vorbereitung des Gespräches	Gesprächsplanung	Einstellung neutral
Erfassung von Daten		
Referenz-Inventur		
	Interaktion	
Kontaktaufnahme	Gesprächseröffnung	In Abwehr
Appell an die Motivation		Neugierde bzw. positive Aufmerksamkeit
Untersuchung der Ist-Situation	Bedarf erkennen	Kunde gibt Auskunft
Formulierung des Bedarfs (Ist-Soll-Vergleich)	Bedarf bewusst machen	An Lösung interessiert
Skizzierung der Problemlösung	Problemlösung anbieten	Ungeteilte Aufmerksamkeit
Präsentation der Beweise	Beweis erbringen	Forderung nach Stichhaltigkeit
Lösung der Einwände		
Aktionsvorschlag	Abschluss	Entscheidung
Nachbereitung	Gesprächsnachbereitung	Notwendigkeit und Nutzen erkannt

> **Beispiel**
>
> Sie machen telefonische Kaltakquise. Zunächst werden Sie überlegen, was Sie erreichen wollen, typische Anwendungen durchdenken und eventuell Referenzlösungen von anderen Unternehmen parat halten. Ihr Ansprechpartner wird sich wahrscheinlich nicht mit dem Anschaffen einer Maschine auseinandersetzen, sondern er arbeitet vielleicht im Augenblick an einer wichtigen Planung.
> Sie rufen an und stellen sich vor: „Mein Name ist Müller von der Firma Glück". Was meinen Sie, wie wird die Reaktion des Gesprächspartners sein? Er wird wahrscheinlich eine Abwehrreaktion zeigen, da er Ihren Anruf als Störung empfindet.

Ihre erste Zielsetzung muss also sein, die mögliche Abwehrhaltung in Neugierde bzw. positive Aufmerksamkeit umzuwandeln. Dies können Sie in der Gesprächseröffnung durch eine sichere Kontaktaufnahme erreichen, die gleich zu Beginn einen Appell an die Motivation des Gesprächspartners einschließt. Dieser Appell an die Motivation sollte möglichst so gewählt sein, dass er die Motive bzw. Probleme des Kunden oder Interessenten anspricht (siehe Tabelle 3.1 Gesprächsleitfaden).

2.1 Ohne Vorbereitung geht es nicht

> **Beispiel**
>
> „Ich habe mir Gedanken gemacht, wie Sie im Bereich … Kosten einsparen, Ihren Umsatz/Durchsatz … steigern können. Inwieweit ist das Thema für Sie interessant?"

Wichtig ist, dass Sie nicht das Produkt oder die Dienstleistung verkaufen, sondern die damit verbundene Idee, die Wünsche und Motive des Gesprächspartners/des Kundenunternehmens zu erfüllen bzw. zu bedienen. Sie verkaufen also Ersparnis, Gewinn, Sicherheit, Zweckmäßigkeit, Bequemlichkeit, Prestige, Schönheit. Die mit dem Produkt verbundene Idee kann von Kunde zu Kunde unterschiedlich sein. Während in einem Fall eine Bohrmaschine für den Kunden eine Frage der präzisen und schnellen Bohrung ist, kann in einem anderen Fall eine Bohrmaschine als Kraft sparendes Multifunktionswerkzeug zum Bohren, Schleifen und Polieren unterschiedlichster Materialien interessant sein.

Haben Sie die positive Aufmerksamkeit Ihres Gesprächspartners erreicht, ist die wohl schwierigste Hürde im Verkaufsprozess überwunden. Durch gezielte Fragen können Sie nun die Situation des Kunden erfassen, um möglichen Bedarf zu erkennen.

> **Beispiele**
>
> „Um Sie entsprechend Ihren Bedürfnissen richtig beraten zu können, gestatten Sie mir bitte einige Fragen zu Ihrer Situation:
> - Wie arbeiten Sie zurzeit?
> - Wie umfangreich ist die Arbeit?
> - Was wünschen Sie sich verbessert?
> - Welche Anforderungen stellen Sie?"
> - usw.

Sie müssen nun dem Kunden diesen Bedarf bewusst machen. Dies gelingt Ihnen am besten durch einen Ist-Soll-Vergleich und die Verstärkung mit einem Nutzenaspekt. Dadurch entsteht beim Gesprächspartner ein Mangelbewusstsein.

> **Beispiele**
>
> „Inwieweit würden Sie es begrüßen, wenn Sie mit einer einzigen Maschine verschiedene Arbeitsschritte durchführen könnten und dadurch Transportzeiten sowie Fläche sparen?"
> oder
> „Inwieweit wäre es für Sie ein Vorteil, wenn die Maschine nicht mehr manuell eingerichtet werden muss, sondern sich absolut präzise vollautomatisch auf das Werkstück einstellt und Sie Zeit gewinnen und den Durchsatz erhöhen?"

Spätestens jetzt sollten Sie entscheiden, ob ein Termin vereinbart wird, um das Gespräch von Angesicht zu Angesicht fortzusetzen.

> Die Phase der Bedarfsklärung ist für den Verkaufserfolg von allergrößter Bedeutung. Hier geht es darum, die Ausgangssituation, Bedarfslage, Motivation und Schlüsselfaktoren für die Kaufentscheidung zu identifizieren. In dieser Phase wird das Fundament gelegt, auf dem später Ihre kundenspezifische Nutzenargumentation beruht.

Ihr Gesprächspartner wird jetzt an einer Lösung bzw. Verbesserung seiner Situation interessiert sein. Daher können Sie nun eine Lösung skizzieren, der er seine ungeteilte Aufmerksamkeit entgegenbringt. Dies geschieht am besten, indem Sie – basierend auf den Informationen aus der Bedarfsklärung – die für den Kunden relevanten Vorteile mit konkreten Nutzenaussagen erläutern.

Um Ihren Kunden bzw. Interessenten zu überzeugen, werden Sie die Lösung visualisieren bzw. vorführen und den individuellen Nutzen, der sich aus den Vorteilen des Produktes und/oder der Dienstleistung für den Kunden ergibt, erläutern.

Da Sie die Schlüsselfaktoren für die Kaufentscheidung in Erfahrung gebracht haben, können Sie Ihr Verhalten und Ihre Nutzenargumentation mit den Mehrwert-Argumenten Ihres Unternehmens gezielt verstärken.

Eventuell vorhandene Bedenken und Unklarheiten werden sich als Einwände zeigen. Erfolgreiche Verkaufsgespräche ohne Einwände gibt es im Prinzip nicht. Einwände geben Hinweise auf die Kaufbereitschaft. Werden Sie also misstrauisch, wenn keine Einwände kommen.

Haben Sie die Einwände zufriedenstellend beantwortet, steht im Grunde Ihrer Frage nach dem Auftrag nichts mehr im Wege. Der Kunde wird den Auftrag erteilen und von der Notwendigkeit und dem Nutzen seiner Entscheidung überzeugt sein.

Dieses Beispiel eines Verkaufsgespräches wird natürlich nicht immer in dieser Klarheit und Eindeutigkeit so ablaufen. Viele Faktoren beeinflussen den Vorgang, so dass jedes Gespräch anders ist. Jeder Mensch reagiert anders auf ein und dieselbe Frage oder Aussage. Entscheidend ist letztlich Ihr Erfolg bei Ihren Kunden und Interessenten.

Der Verkaufsprozess kann zügig innerhalb eines Gespräches bzw. Besuches ablaufen. Im B2B erstreckt sich der gesamte Verkaufsvorgang eher über mehrere Gespräche und Besuche. Sie brauchen daher einen „roten Faden" und müssen bei jedem Folgegespräch zunächst das „richtige Ende" des Fadens wieder aufnehmen, also an das vorher Besprochene anknüpfen.

Erfahrungsgemäß bereiten sich Verkäufer zu wenig auf die Kundengespräche vor. Sie leben im Gespräch eher von der Improvisation und reagieren situativ. Wesentlich effektiver ist es jedoch, sich ein Gesprächskonzept so zurechtzulegen, dass der Verkäufer das Gespräch aktiv steuern kann.

Stellen Sie also Ihren inneren Kompass so ein, dass er Sie quasi automatisch zu den Entscheidungsträgern Ihrer Wunschkunden und Wunschprojekte führt.

2.1 Ohne Vorbereitung geht es nicht

Tab. 2.2 Checkliste zur Gesprächsvorbereitung

Meine Wunschkunden (Merkmale)
Branche, Marktsegment
Potenzial
Bonität
Meine Wunschprojekte (Merkmale)
Volumen
Komplexität, Realisierbarkeit
Rahmenbedingungen
Warum ist das Thema für den Kunden und seinen Erfolg wichtig?
Typische Situation (Kunden, Markt, Schlagworte der Branche)
Herausforderungen (Bedeutung)
Brennende Probleme
Methodenkenntnisse
Wie verständlich und überzeugend kann ich Umfang, Inhalt und Wirkung meiner (Dienst-)Leistung vermitteln?
Produkt- und Vorführkenntnisse
Wie gut kenne ich die technischen Einrichtungen?
Wie gut kann ich das Gerät/die Maschine vorführen?
Nutzenlehre
Wie kann ich den Nutzen der einzelnen Produktmerkmale und deren Vorteile überzeugend darstellen?
Anwendungen
Welche Anwendungen gibt es, bezogen auf die Kundensituation?
Wirtschaftlichkeit
Wie kann ich dem Kunden die Wirtschaftlichkeit überzeugend darstellen?
Verkäuferisches Vorgehen
Wie kann ich mein verkäuferisches Vorgehen passgenauer und wirkungsvoller gestalten?
Welche Fragen bringen mich an den handlungsauslösenden Punkt des Kunden?
Problemaufdeckende Fragen (W-Fragen: wie, wie oft …)
BANT-Kriterien (Budget, Autorität, Notwendigkeit und Nutzen, Termin)

Tab. 2.2 (Fortsetzung) Checkliste zur Gesprächsvorbereitung

Einwände

Welche Einwände kenne ich?

Wie kann ich Einwänden überzeugend begegnen?

Wie biete ich dem Kunden überzeugend Maßnahmen und Lösungsmöglichkeiten an?

Lösungsansätze

Nutzenargumente

Referenzen

Was sind die wichtigsten methodischen Schritte zur Umsetzung?

Unser Angebot

Unser Vorgehenskonzept

Unser Kundenbegeisterungsmanagement

Wie differenzieren wir uns vom Mitbewerb?

Warum sind wir der bestmögliche Partner für den Kunden?

Was ist unser Mehrwert?

2.2 Auf den Gesprächspartner einstellen

Damit Ihre Produktivität im Verkaufsprozess möglichst hoch ist, müssen Sie auch sicherstellen, dass Sie sich auf der richtigen Hierarchieebene des Kunden bewegen. Am besten gehen Sie dorthin, wo über das Budget des Kunden entschieden wird. Das ist leichter gesagt als getan. Entscheidend ist, wie interessant Ihr Thema für den Budgetverantwortlichen ist.

Sie müssen in jedem Fall berücksichtigen, dass Ihre Gesprächspartner in ihrer Aufgabe und Position unterschiedliche Verantwortlichkeiten, Interessen und Themenschwerpunkte haben (siehe Tab. 2.3). Darauf muss Ihre Gesprächsführung ausgerichtet sein. Einen Geschäftsführer interessiert eben nicht, „welcher Hebel was bewirkt", sondern was ihm die Investition für sein Unternehmen bilanzwirksam bringt. Sprechen Sie die brennenden Probleme des Kunden an. Fragen Sie nach seinen Zielen.

2.2 Auf den Gesprächspartner einstellen

Tab. 2.3 Gesprächspartner und Kundennutzen

Gesprächspartner			
Kontaktebene	Verantwortung für	Entscheidung über	Ziele, brennende Probleme
Geschäftsleitung – Gesellschafter – Geschäftsführer	Wertschöpfung Gewinn/Zukunft des Unternehmens	Strategie	Wachstum Rendite Finanzierung
Fachabteilung – Führungskraft – Teilnehmer	den Erfolg seines Aufgabenbereiches: Umsetzung und Erfolg der Maßnahmen	Konzeption	Wettbewerbsdruck Lieferprobleme Qualitätsprobleme Beschaffung ...
Personalentwicklung	den Erfolgsfaktor der gesamten Belegschaft	Personal-Beschaffung und -Entwicklung	Fachpersonal fehlt ...
Einkauf	beste Leistung zum besten Preis	Vertrag Konditionen	„Der Gewinn liegt im Einkauf."
Controlling	Navigation des Unternehmens	Impulsgeber	Hohe Veränderungsdynamik ...
Betriebsrat	Beratung nach BVG (Betriebsverfassungsgesetz)	Kompatibilität zum BVG	Wiederwahl

Die Verkaufsgesprächsstrategie 3

In diesem Kapitel stehen grundsätzliche verkäuferische Vorgehensweisen im Vordergrund. Diese werden an späterer Stelle vertieft.

3.1 Motivation des Kunden

Sie wissen, was Verkaufen bedeutet. Ihre Kunden kaufen ein Produkt oder eine Dienstleistung, wenn sie das Gefühl haben, dass sie die von Ihnen angebotene Leistung benötigen. Der Verkäufer muss wissen, was der Kunde braucht, bevor er ihn überhaupt überzeugen kann. Demnach braucht der Verkäufer Informationen über seinen Gesprächspartner, über seine Beweggründe und seine Einstellungen, über seine Organisations- und/oder Bearbeitungsprobleme. Mit diesen Informationen hat er eine Basis für eine gezielte Überzeugungsarbeit, sprich für ein gezieltes Verkaufsgespräch.

Immer wenn man sich mit dem Verhalten eines Partners auseinandersetzt, begibt man sich auf das Gebiet der Psychologie. Wir wollen uns aber nur mit den psychologischen Grundtatsachen auseinandersetzen, die für Ihre tägliche Arbeit wichtig und praktikabel sind.

Auch in der Verkaufskommunikation gibt es das Eisberg-Prinzip (siehe Abb. 3.1). Demnach liegt die Hauptenergie unterhalb der Verstandesebene, nämlich beim Unterbewusstsein, den Gefühlen, Erfahrungen usw. Für Sie als Verkäufer bedeutet dies, dass Sie darauf achten müssen, mit Ihrer Gesprächsführung und Ihren Vorschlägen oder Angeboten bei Ihrem Gesprächspartner positive Gefühle auszulösen. Positive Gefühlen entstehen, wenn Sie beispielsweise

- die Interessenlage des Kunden treffen,
- dem Kunden einen großen Nutzen bieten,
- ein attraktives Angebot machen.

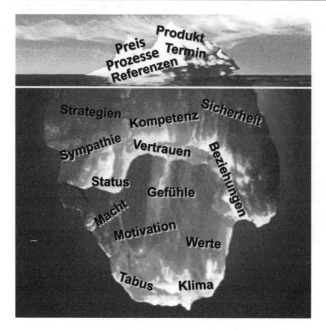

Was das Herz sich wünscht, rechtfertigt der Verstand.

Abb. 3.1 Das Eisbergprinzip im Verkauf (M. Sieg)

Die Entscheidungsenergie des Kunden wird vom Produkt, dem Anbieter und dessen Mitarbeitern/Repräsentanten sehr unterschiedlich erzeugt. Das IBM Institute for Business Value hat beispielsweise für die Automobilindustrie herausgefunden, dass die Entscheidungsenergie, die vom Händlerunternehmen ausgeht, 2,5-mal höher ist als die des Produktes/der Marke. Die Mitarbeiter des Händlers, vor allem die, die den direkten Kontakt zum Kunden haben, beeinflussen die Kaufentscheidung jedoch mit dem Faktor 6!

Diese Werte können auch für andere Branchen gelten. Nehmen wir zum Beispiel zwei Restaurants, die in Bezug auf das Ambiente, die Essensqualität und den Preis gleichwertig sind: Der Gast wird die Freundlichkeit und die Hilfsbereitschaft honorieren und dann entsprechend das Trinkgeld bemessen. Er wird das Lokal weiterempfehlen, das eine bessere Bedienung und Atmosphäre hat. Und schließlich wird der Gast selbst gerne in dieses Lokal wiederkommen und sich wohlfühlen.

> Merke: Der Kunde kauft immer ein Gesamtpaket aus harten und weichen Faktoren – den Produktnutzen und den Mehrwert des Lieferanten sowie die Handlungsweise dessen Mitarbeiter.

Jede menschliche Entscheidung ist einer Reihe von unterschiedlichen Motiven unterworfen. Alle diese verschiedenen Motive können Sie jedoch in zwei große Kategorien einteilen. Dies ist zum einen der emotionale und zum anderen der rationale Bereich. Grundsätzlich neigt man dazu, die Bedeutung des rationalen Bereichs zu überschätzen. Die eigentlichen vitalen Antriebskräfte des Menschen liegen im emotionalen Bereich. Wir müssen also davon ausgehen, dass bei jeder Entscheidung der emotionale Bereich stark beteiligt ist. Daher ist es für uns als Verkäufer von entscheidender Bedeutung, diese Motive zu kennen (siehe auch Menthe/Sieg, Kundennutzen: die Basis für den Verkauf, 2012).

Welche Motive des Kunden sind für unsere Verkaufsarbeit wichtig?
1. Sicherheit (Angst vor falscher Entscheidung und Misserfolg, keine Risikobereitschaft)
2. Gewinnstreben, Einkommen
3. Erfolg, beruflicher Aufstieg, Karriere, Ansehen
4. Prestige, Geltungsbedürfnis
5. gute menschliche Beziehungen, Hilfsbereitschaft
6. Notwendigkeit, Bedarf
7. Gesundheit, Wettbewerbsfähigkeit
8. Neugierde, Interesse an neuen Dingen
9. Bequemlichkeit, Trägheit, Starrheit, Unbeweglichkeit, Gleichgültigkeit
10. gutes Arbeitsklima, Zufriedenheit der Mitarbeiter, sicherer Arbeitsplatz

Diese Beweggründe sind sicher von Gesprächspartner zu Gesprächspartner verschieden. So wird beispielsweise der Firmenchef eventuell von Gewinnstreben oder Prestige geleitet, der Organisationsleiter aber vielleicht von der Angst, eine falsche Entscheidung zu treffen; möglicherweise ist er auch an einem guten Arbeitsklima in seinem Bereich interessiert. Entscheidend ist, wie gut wir uns in eine Kundensituation bzw. in den Gesprächspartner hineindenken können.

Dies bedeutet für uns: Unterschiedliche Motive erfordern unterschiedliche Vorgehensweisen. Aus diesem Grund ist es sehr wichtig, für möglichst alle Motive überzeugende Nutzenaspekte zu formulieren (siehe Menthe/Sieg, Kundennutzen: Die Grundlagen im Verkauf, 2012). Wir brauchen die Motive des Kunden für die Formulierung einer verkaufswirksamen Nutzenargumentation.

3.2 Motive des Kunden erkennen

Das ist in der Tat schwierig. Denn der Kunde sagt uns nicht: „Ich bin zu träge, mich mit Ihrem Vorschlag zu befassen." Er nennt uns seine wahren Gründe nicht. Er wird nach

Vorwänden suchen, die in den Ohren der meisten Menschen absolut verständlich und glaubhaft klingen, zum Beispiel:
- „Wir sind mit unseren Maschinen/unserem Lieferanten zufrieden."
- „Bis jetzt ging das auch ohne Mehrkanal-Einheit."
- „Wir haben keine Mittel mehr frei."
- „Kommen Sie doch im nächsten Jahr wieder."
- „Das ist mir zu teuer."

Solche oder ähnlich klingende Formulierungen begegnen uns täglich. Dieses Umwandeln eines Motives in eine oft logisch erscheinende Aussage bezeichnet man in der Psychologie als den Vorgang der Rationalisierung. Der Kunde verkleidet einen gefühlsmäßigen Grund in einer sachlichen Aussage.

Wie erkennen wir nun aber die wahren Motive? Was ist der Schlüssel zum Kunden?

1. *Genaues Beobachten*
   - Man kann oft von äußeren Dingen auf bestimmte Motive schließen, zum Beispiel Branche, Situation in dieser Branche, Unternehmensziele, Büroausstattung (modern oder konservativ), Erscheinungsbild des Gesprächspartners (Kleidung, Auftreten).
   - Man sollte das Verhalten des Partners genau beobachten – besonders die spontanen Reaktionen, wie zum Beispiel Änderungen der Körperhaltung.
2. *Fragen*
   - Mit Fragen decken Sie wahre Beweggründe auf. (siehe Kap. 7)
3. *Aktiv zuhören*
   - Beantwortet der Kunde eine Frage, dann sollten Sie aktiv und sehr gut zuhören. Wichtige Aussagen des Partners werden oft überhört.

Eine Hürde müssen Sie nun noch nehmen:
Wie sprechen wir einen potenziellen Kunden an, um über bekannte oder vermutete Motive zu einem Abschluss zu kommen?

Beispiele für eine emotionale Ansprache

„Mit dieser Bohrmaschine können Sie jetzt bei Ihren Freunden ganz schön angeben."
oder
„Sie mögen doch Ihre Mitarbeiter, dann kaufen Sie ihnen doch diese heiß begehrte Universal-Bohrmaschine."
Glauben Sie, dass dies bei den meisten Kunden gut ankommt?
Inhaltlich mag dies in Ordnung sein, aber auch wörtlich?

Sie werden viel häufiger verstandesmäßig vorgehen, ihm Hilfestellung, Entscheidungshilfen über Vorteile und Nutzenargumente anbieten.

Beispiel: „Durch die vielen Möglichkeiten, zum Beispiel Rechts-Links-Lauf und 1200 W-Motor, bohren Ihre Mitarbeiter bequem, schnell und sicher jedes Loch. Ihren Mitarbeitern wird diese Arbeit leichter von der Hand gehen."

Die **Differenzierung vom Mitbewerb** wird in Zeiten gesättigter Märkte und globalem Wettbewerb immer entscheidender. Wenn keine Differenzierung gegeben ist, bleibt kein anderer Weg, als sich preislich den etwas darunter liegenden Anbietern anzupassen, sofern das von der Kostenseite her möglich ist oder von der marketingpolitischen Seite als zweckmäßig angesehen wird.

Überkapazitäten bzw. ein Überangebot an – mehrheitlich austauschbaren – Produkten/Dienstleistungen führen zu einem Verdrängungs- und Vernichtungswettbewerb. Wer hier bestehen will, muss konsequent und kontinuierlich Differenzierungsmerkmale gegenüber der Konkurrenz erarbeiten, die dem Kunden direkt messbar/kalkulierbar/entscheidbar quantitativen und/oder qualitativen Nutzen bringen, den er auch haben will.

> Es geht also darum, dem Kunden geldwerte Vorteile vorzurechnen aus
> - günstigerer Leistung,
> - günstigerem Produkt,
> - günstigerer Lieferantenbeziehung.

Wer hier versagt, wird sich nicht gegen Preis- und Margenverfall wehren können.

Die Naumann-Verkäufer-Check-Untersuchung hat ergeben, dass zwei Drittel aller Verkäufer nicht in der Lage sind, die Unique Selling Proposition (USP) zu vermitteln! (Das große Handbuch für den Verkaufsleiter, 1998).

Verkäufer müssen jedoch in der Lage sein, Wertdifferenzen statt Preisdifferenzen mit dem Kunden zu diskutieren. Denn der Wert führt zum Nutzen, nicht der Preis. Es ist doch eigenartig: Obwohl der Mitbewerber das gleiche Angebot (angeblich) zum wesentlich niedrigeren Preis anbietet, verhandelt der Kunde hartnäckig mit dem Ziel, die vom Verkäufer angebotene Leistung zum niedrigeren Konkurrenzpreis zu erhalten. Ein Widerspruch, der die höhere Werteinschätzung unseres Angebotes durch den Kunden still bestätigt.

3.3 Strukturierte Gesprächsführung

3.3.1 Gesprächseröffnung

Bedeutung der ersten Sätze

Ihr Ziel muss es sein, sich schon in den ersten Minuten des Verkaufsgespräches das Recht zu verdienen, weiter angehört zu werden. Denn nur durch eine gelungene Gesprächseröffnung können Sie in den eigentlichen Verkaufsprozess einsteigen.

Viele Gespräche sind beendet, bevor sie überhaupt erst richtig begonnen haben. Der Grund dafür ist, dass wir den ersten Sätzen eines Gesprächs oft nicht die richtige Bedeutung beimessen.

Gerade Ihre ersten Sätze entscheiden darüber, ob Ihr Gesprächspartner weiter interessiert zuhört oder nicht, denn:

- Ihr Gesprächspartner hört den ersten Sätzen intensiver zu als den folgenden (Gründe: Neugierde, Spannung, Erwartung).
- In den ersten Sätzen bildet sich Ihr Partner ein Urteil über Sie (erster Eindruck).
- Die ersten Sätze beeinflussen die innere Einstellung Ihres Partners zu Ihrem Gespräch (Gesprächsatmosphäre).

Bei der Gesprächseröffnung verfolgen wir die folgenden Ziele:

1. Kontakt herstellen,
2. Interesse für unsere weiteren Ausführungen wecken.

Die Anfangssituation eines Gesprächs ist durch einen hohen Unsicherheitsgrad gekennzeichnet. Ihr Partner kennt Sie nicht und Sie kennen Ihren Partner nicht. Diese Unsicherheit muss abgebaut werden. Ihr Partner wird sich fragen:

„Was will er von mir, wer ist er, finde ich ihn sympathisch, kann ich ihn akzeptieren, nimmt er mich ernst, nimmt er mich nur als Kunde oder auch als Person ernst?"

Viele der Informationen, die Ihr Partner braucht, um sich diese Frage selbst beantworten zu können, entnimmt er weniger dem, was Sie sagen, als dem, wie Sie es sagen.

Mit anderen Worten: In dem Gespräch entwickeln Sie eine emotionale Beziehung zu Ihrem Gesprächspartner (und umgekehrt) und Sie versuchen, zugleich ein gemeinsames Interesse zu formulieren. Dieses spannungsreiche Verhältnis ist in Startsituationen eines Gesprächs oder eines Kontaktes am stärksten. Je länger Ihr Kontakt dauert, je länger Ihr Gespräch dauert, desto eher kann sich diese Spannung verringern. Aus diesem Grund müssen Kontaktherstellung und das Wecken des Interesses die wichtigsten Ziele Ihrer Gesprächseröffnung sein – und zwar in jedem Gespräch!

Berücksichtigen Sie dabei, dass jeder Mensch am liebsten über seine eigenen Wünsche und Probleme spricht und stellen Sie deshalb die Wünsche, Absichten und Probleme Ihres Partners in den Vordergrund Ihres Gesprächs.

Jeder Mensch spricht außerdem am liebsten über ein Thema, von dem er etwas versteht. Das gilt für Ihren Gesprächspartner wie auch für Sie. Wird dieses Thema jedoch bei Ihrem Gesprächspartner Ihr Geschäftsfeld sein? Unter Fachleuten ja, aber wie steht es zum Beispiel mit der Geschäftsleitung?

Sie sehen also, dass es für Sie wichtig ist, sich vorher zu überlegen: „Was interessiert meinen Partner, was muss ich bei diesem Partner in den Vordergrund meines Gesprächs stellen?"

3.3.2 Die Sie-Einstellung

Diese Überlegungen fassen wir zusammen unter dem Begriff „Sie-Einstellung". „Sie-Einstellung" bedeutet, dass Sie sich – bildlich gesprochen – auf den Stuhl Ihres Partners setzen. Versuchen Sie, sich in die Situation Ihres Partners hineinzuversetzen, versuchen Sie sich in seine Interessen hineinzudenken und versuchen Sie, seine Bedürfnisse bzw. seine Motive zu entdecken.

Der äußere Ausdruck ihrer „Sie-Einstellung" schlägt sich in Formulierungen nieder wie:

„Es wird Sie interessieren ..."
„Es ist Ihnen sicherlich bekannt ..."
„Sie haben bestimmt schon davon gehört ..."

Allein durch solche Formulierungen stellen Sie bereits Ihren Partner in den Vordergrund und er fühlt sich durch diese Formulierungen stärker angesprochen. Er merkt, dass Sie an ihm und seinen Problemen Interesse zeigen.

3.3.3 Die Ich-Einstellung

In jedem Gespräch gibt es aber Situationen, in denen Sie die „Sie-Einstellung" nicht benutzen können, sondern im Gegenteil in der „Ich-Einstellung" sprechen müssen. In solchen Situationen erweisen sich die „Sie-Einstellungen" eher als schädlich. Wann sollten Sie in der „Ich-Einstellung" sprechen?

- Wenn Sie nach Ihrer Meinung oder Ihren Kenntnissen oder Ihren Erfahrungen gefragt werden.
- Wenn unangenehme Dinge gesagt werden müssen und ein Konflikt droht, denn in einem Konflikt müssen Sie als Kontrahent greifbar sein.

Sie müssen als Gesprächs- und Verhandlungspartner identifizierbar sein, denn Sie haben Interessen, Kenntnisse und Fähigkeiten, die für Ihren Partner von Wichtigkeit sind. Sie sind schließlich ein Mehrwert-Verkäufer!

Ihre Aufgabe ist es also, in der Gesprächseröffnung den Kontakt zu Ihrem Partner herzustellen, und zwar sowohl den emotionalen als auch den sachlichen Kontakt. Sie müssen zeigen, dass Sie auf Ihren Partner eingehen, und Sie müssen zeigen, wer Sie sind.

3.3.4 Wer ist der richtige Gesprächspartner?

Letztendlich ist natürlich der MANN (er kann auch eine Frau sein) der richtige Gesprächspartner für Sie. Sie erkennen die Person an folgenden Kriterien:

> Sie hat die **M**ittel (Budget) und verfügt über die **A**utorität zu entscheiden.
> Es besteht für sie die **N**otwendigkeit zu handeln, weil sie den **N**utzen braucht oder haben will.

3.3.5 Wie gelingt es Ihnen, Interesse zu wecken?

Viele Verkäufer machen immer wieder den Fehler, gleich mit der Tür ins Haus zu fallen. Das hört sich etwa folgendermaßen an:
- „Ich möchte Ihnen einmal unser neues … Gerät zeigen."
- „Wie viele Geräte haben Sie im Einsatz?"
- „Ich möchte Sie gerne über eine neue Technik informieren."

Man stellt damit sein eigenes Anliegen, die eigenen Probleme (ich will was verkaufen) zu stark in den Vordergrund, und die meisten Kunden werden darauf mit Abwehräußerungen reagieren. Etwa so:
- „Wir haben genug Geräte."
- „Kein Bedarf."
- „Kein Interesse."
- „Sie wollen mir nur etwas verkaufen."
- „Ich kenne das Gerät bereits."
- „Wir kaufen bei der Firma …"

Wesentlich Erfolg versprechender ist es, Probleme und Motive des Kunden anzusprechen. Wenn Sie dies geschickt verstehen, wird Ihr Partner von Ihnen eine Lösung erwarten, Ihnen also weiter zuhören.

Mit den folgenden drei Vorgehensweisen können Sie Interesse wecken:
1. **Decken Sie durch Fragen ein Problem des Kunden auf**
   Je mehr Sie über die Kundensituation wissen, desto besser werden Sie natürlich spezifische Probleme ansprechen und einen Nutzen anbieten können.
   Ihre erste Zielsetzung ist also, so viel wie möglich über Kundenprobleme zu erfahren. Vermeiden Sie es aber auf jeden Fall, mit einer Behauptung zu beginnen, denn diese provoziert Widerspruch und verhindert die Kontaktherstellung. Wählen Sie die

3.3 Strukturierte Gesprächsführung

Frageform. Aber fragen Sie Dinge, die Ihren Partner interessieren bzw. von denen Sie annehmen können, dass Sie Ihren Partner interessieren.

Natürlich sollten Sie hauptsächlich die Probleme ansprechen, die wir direkt oder indirekt mit unseren Produkten lösen können. Überlegen Sie sich jetzt weitere spezifische Kundenprobleme und formulieren Sie problemaufdeckende Fragen (siehe Kap. 7 Fragetechnik).

2. **Benutzen Sie die Kraft eines Kaufmotivs**

   In Abschn. 3.1 haben Sie bereits eine ganze Vielfalt unterschiedlicher Kaufmotive kennengelernt. Durch das Ansprechen eines Kaufmotivs bereits in der Gesprächseröffnung, also durch die Schilderung eines Vorteils und des damit verbundenen Nutzens für den Partner, werden Sie mit ziemlicher Sicherheit positive Aufmerksamkeit erreichen; einen Nutzen, bescheiden genug, um glaubwürdig zu sein, attraktiv genug, um Anziehungskraft zu haben und Ihr Verkaufsgespräch zu ermöglichen.

> **Beispiele**
>
> a. Welchen Wert legen Sie auf …
> b. Was halten Sie davon, wenn … durch die Einsparung von manueller Arbeit mehr Zeit für wertschöpfende Tätigkeiten zur Verfügung steht?
> c. Ich habe mich speziell mit den Problemen bei … auseinandergesetzt. Viele Ihrer Berufskollegen haben gemeinsam mit uns interessante Lösungen erarbeitet und verwirklicht. Was halten Sie davon, wenn wir uns einmal kurz darüber unterhalten?

3. **Schaffen Sie Interesse durch sichtbare Verkaufshilfen.**

   „Ein Bild sagt mehr als 1.000 Worte."

   Diese alte chinesische Weisheit passt genau in die moderne Verkaufstechnik. Der Kunde versteht am leichtesten die Dinge, die er sehen, oder besser noch, anfassen kann. Auf diese Weise wird er sich schneller mit dem Produkt oder Detail identifizieren und es besitzen wollen.

> **Beispiele**
>
> a. Würden Sie es begrüßen, wenn solch maschinenbedingte Fehler, deren spätere Beseitigung ja eine Menge Zeit und Geld kostet, in Zukunft gar nicht mehr passieren können? (Muster zeigen)
> b. Können Sie sich vorstellen, dass Sie mit diesem kleinen Gerät einen mehrfach höheren Durchsatz gegenüber handelsüblichen Produkten und zusätzlich in höherer Qualität schaffen? (Bild oder Gerät zeigen)

Tab. 3.1 Beispiel eines Gesprächsleitfadens

Welche Erwartung an unser Gespräch haben Sie?
Ziele des Gesprächs aus meiner Sicht: Klären der Aufgabenstellung.   Prüfen, ob ich/wir Sie unterstützen können.   Wenn das zutrifft, die Zusammenarbeit besprechen und die nächsten Schritte vereinbaren.   Ist das für Sie so in Ordnung?
Was soll getan werden? Was möchten Sie erreichen?
Welches sind in dieser Aufgabenstellung Ihre drei wichtigsten Anforderungen?   1. ....   2. ....   3. ....
Welche Rahmenbedingungen sind zu beachten?
Was wäre der Idealzustand/das bestmögliche Ergebnis in dem Projekt?
Was passiert, wenn Sie nichts tun?
Bis wann soll das Projekt realisiert sein?
Was wird es für Sie bedeuten, wenn die Aufgabenstellung realisiert ist?
Woran können Sie den Erfolg des Projektes erkennen?
Inwieweit ist das Budget für das Projekt bereitgestellt?   **Wie groß ist der Investitionsrahmen bzw. das Volumen (Anzahl der Geräte etc.)?**
Was ist Ihre Aufgabe in dem Projekt?
Wer aus Ihrem Hause ist noch an dem Projekt beteiligt?
Was wurde bereits unternommen?
Welche Erfahrungen haben Sie mit dem Thema?
Welche Geräte haben Sie von welchem Hersteller im Einsatz?
Welche Verbesserungen wünschen Sie sich?
Welche Anforderungen stellen Ihre Kunden an Sie?
Welche Änderungen bei den Kundenbedürfnissen und Ihren Wettbewerbern erwarten Sie?
Nehmen wir einmal an, wir hätten eine ideale Lösung für Ihre Aufgabenstellung, wovon würde dann Ihre Entscheidung für uns abhängen?

3.3 Strukturierte Gesprächsführung

Tab. 3.1 (Fortsetzung) Beispiel eines Gesprächsleitfadens

Gut, dann lassen Sie uns doch über die Details der Aufgabenstellung sprechen. Inwieweit gibt es bereits ein Pflichtenheft?
Fragen zum Lösungsdesign: Was? Wie oft? Wie viel? Wie wichtig? Wie dringend? Welche Lösungsanforderungen (muss, soll, kann)? Welche Abhängigkeiten? Welche Bedingungen?
Welches sind die Kriterien, an denen Sie den Erfolg und Ihre Zufriedenheit erkennen?

3.3.6 Die Gesprächseröffnung im vereinbarten Termin

Auf den folgenden Seiten finden Sie das Beispiel eines Gesprächsleitfadens. Der Leitfaden beginnt unmittelbar nach der Begrüßung und dem Small Talk mit der Klärung der gegenseitigen Erwartungen und Ziele bezüglich des folgenden (Sach-)Gesprächs.

Die saubere Bedarfsklärung und die Motive sind der Kompass für die Gesprächsführung und der Schlüssel zum Verkaufserfolg.

Bedarf erkennen

Ein fundamentaler Grundsatz im Verkaufsgespräch ist, „den Kunden bei seinen Interessen, d. h. bei seinen Problemen und Wünschen anzupacken". Aber um das zu tun, müssen Sie zunächst die Situation des Kunden kennen. Sie verschaffen sich einen Überblick über den möglichen Bedarf des Kunden.

Wie Sie das machen können, ist in den folgenden drei Beispielszenarien kurz beschrieben.

1. **Verkäufer kennt die IST-Situation des Kunden**
   Sie wissen vielleicht, wie viele Maschinen im Einsatz sind, kennen Fabrikate, Modelle und Alter. Sie wissen genau, was an den einzelnen Arbeitsplätzen getan wird und wie die Kapazität ausgelastet ist. Engpässe, saisonale Schwankungen und Spitzenzeiten sind Ihnen vertraut. Sie kennen Unternehmensziele, Aufgabenstellungen, spezielle Probleme und sogar Motive Ihres Gesprächspartners, dem Entscheidungsbefugten.
   Aufgrund dieser Kenntnisse können Sie auf einen möglichen Bedarf schließen und gezielt Ihren Kunden ansprechen.
2. **Verkäufer meint Bedarf zu kennen durch begründete Vermutung**
   Ihnen sind beispielsweise typische Anwendungen und spezielle Probleme einer Branche bekannt. Sie wissen um die spezifischen Probleme bei der Produktion oder kennen die Herausforderungen bei der Geschäftsentwicklung.

Erfahrungen sind für einen Verkäufer kostbares Gut. Je besser Sie aufgrund Ihrer konkret gesammelten Erfahrungen oder aber begründeten Vermutung Kundenprobleme bzw. -anwendungen direkt fachmännisch ansprechen, desto mehr werden Sie als qualifizierter Gesprächspartner anerkannt. Diese angenommenen Fakten werden Sie beim Kunden durch Fragen absichern, etwa so: Wie verfahren Sie derzeit, wenn Sie …?

3. **Verkäufer kennt nicht die IST-Situation**
   a. Möglichen Bedarf können Sie durch Augenschein erkennen. Zum Beispiel:
      - Unternehmensgröße
      - Maschinenpark
      - Büroausstattung usw.
   b. Durch Fragetechnik
      - Sie haben durch eine gute Gesprächseröffnung Interesse geweckt. Wenn Sie Ihrem Gesprächspartner nun klarmachen, dass Sie ihm erst dann einen auf seine Situation abgestimmten Vorschlag unterbreiten können, wenn Sie seine Situation kennen, wird er Ihnen wahrscheinlich einige wichtige Informationen geben. Sie verwenden dazu in der Regel offene und problemaufdeckende Fragen, werden allerdings auch pauschale Aussagen reflektieren, um gezielte Informationen zu erhalten und abzusichern.

Beispiel

Verkäufer: Welche Bohrarbeiten kommen denn bei Ihnen am häufigsten vor? (offene Frage)
Kunde: Überwiegend bei der Verlegung von Leitungen und Rohren über Putz.
Verkäufer: Am meisten vermutlich also Bohrarbeiten in Beton und Stein, oder? (reflektierende Frage)
oder
Verkäufer: Wie lange haben Sie denn die Geräte schon im Einsatz? (offene Frage)
Kunde: Die sind schon mindestens acht Jahre alt.
Verkäufer: Das heißt, dass in nächster Zeit eine Neuanschaffung auf Sie zukommt? (reflektierende Frage)

Entwickeln Sie weitere Beispiele gemäß Kap. 7 Fragetechnik. Achten Sie darauf, beim Kunden nicht den Eindruck eines Interviewers der Marktforschung zu hinterlassen. In der Praxis werden Sie meistens eine Verbindung zwischen

1. Wissen,
2. begründete Vermutung,
3. unbekannte Situation

antreffen. Entscheidend ist, dass Sie von Ihrem Gesprächspartner abgesicherte Informationen erhalten, aufgrund derer Sie einen möglichen Bedarf erkennen können.

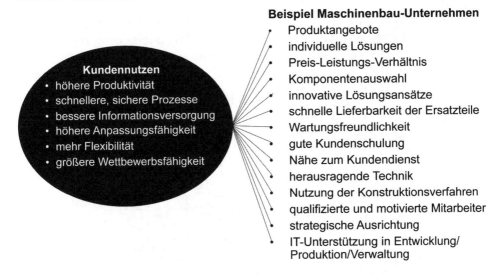

Abb. 3.2 Branchenspezifische Erfolgsfaktoren und Kundennutzen (M. Sieg)

Jede Branche, jedes Unternehmen hat Faktoren, die für den Erfolg entscheidend oder wichtig sind. Je besser Sie die spezifischen Erfolgsfaktoren kennen und in Ihrer Gesprächsstrategie adressieren, desto interessierter wird Ihr Gesprächspartner reagieren (siehe Abb 3.2).

3.3.7 Über die Anforderungen der Kunden des Kunden sprechen

Als professioneller Mehrwert-Verkäufer sollten Sie immer versuchen, das zentrale betriebswirtschaftliche Problem des Kunden zu erkennen. Am besten schaffen Sie dies, indem Sie mit Ihrem Kunden über dessen Kunden, Partner und Lieferanten sowie Mitbewerber sprechen. Das hat einen 3-fachen Effekt:

1. Das Gespräch wird auf einer dem Produkt oder der Dienstleistung übergeordneten Ebene geführt und betrifft unmittelbar die Erfolgsinteressen Ihres Kunden.
2. Der Kunde erlebt den Verkäufer (Sie) als Partner.
3. Er liefert quasi automatisch die Ansatzpunkte für eine fundierte Nutzenargumentation.

Mit dieser Vorgehensweise erfährt der Verkäufer viel besser und schneller, um was es dem Kunden in seinem Geschäft geht, welche Ziele er erreichen will, welche Motive

„Es ist klüger, mit dem Kunden zunächst über die Ziele von dessen Kunden und seinen Beitrag zu deren Erfolgssteigerung zu sprechen, als über Produkte und Lösungen."

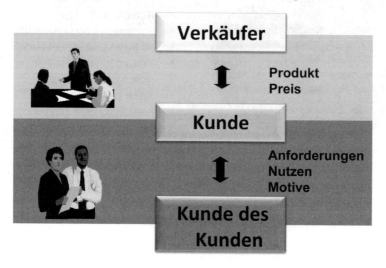

Abb. 3.3 Mit dem Kunden über dessen Kunden sprechen (M. Sieg)

dahinter liegen und welche Anforderungen er hat, als wenn er direkt über die Produktmerkmale und den „Schnäppchen"-Preis redet.

Auch beim Gespräch der Hersteller mit dem Handel ist es viel wirksamer, über den Rausverkauf zu sprechen als über die Einkaufskonditionen. Denn die Herausforderung für den Handel besteht im Allgemeinen nicht im Einkauf, sondern im Verkauf (siehe Abb. 3.3).

3.3.8 Bedarf bewusst machen

Sie kennen nun die Ist-Situation. Sie wissen, welchen Bedarf der Kunde hat, mit welcher maschinellen Ausrüstung er seine Probleme möglicherweise lösen kann. Der Kunde verspürt aber nicht unbedingt bereits an dieser Stelle einen Mangel. Ihre Aufgabe ist es jetzt, Ihrem Gesprächspartner seinen möglichen Bedarf (Soll-Situation), seine Probleme oder nicht genutzten Verbesserungspotenziale bewusst zu machen. Hierfür empfehlen wir vier Vorgehensweisen:
1. **Mangelbewusstsein schaffen durch IST-SOLL-Vergleich**
    a. Oft wird Ihrem Gesprächspartner bereits während der Bedarfsanalyse durch Ihre speziellen Fragen ein Mangel bewusst. Nehmen wir nur einmal das vorhin erwähnte Beispiel: „Wie lange haben Sie denn die Geräte schon im Einsatz?" Sie bringen Ihren Partner dazu, sich gedanklich mit diesen „alten Geräten" zu beschäftigen

und erzeugen damit vielleicht folgenden Gedanken: „Na ja, eigentlich müssten wir uns mal wieder neue Geräte leisten". Je treffender Sie fragen und reflektieren, desto deutlicher wird dem Kunden ein Mangel bewusst.
  b. Mangelbewusstsein schaffen Sie allerdings auch durch die Verwendung von richtungsweisenden Fragen, zum Beispiel: „Sie sagten vorhin, dass die Bohrarbeiten möglichst schnell und staubfrei erledigt werden sollen. Inwieweit wäre es dann für Sie interessant, eine Technik kennenzulernen, die das ermöglicht?"

2. **Neugierig machen**
   Mit dieser Technik sprechen Sie eine menschliche Eigenschaft, die Neugierde, direkt an. „Möchten Sie einmal sehen, wie schnell und staubfrei die Löcher auch in härtesten Beton gebohrt werden?"
3. **Wirtschaftlichere Möglichkeiten aufzeigen**
   – zum Beispiel höhere Bohrleistung durch größere Bohrereinsätze
   – längere Wartungsintervalle
   Diese Technik wird besonders nachhaltig und glaubwürdig, wenn Sie wirtschaftlichere Möglichkeiten gemeinsam mit Ihrem Gesprächspartner grafisch entwickeln, also zu Papier bringen (pencil-selling).
4. **Referenzen anbieten**
   Diese Methode lässt sich sowohl in der Phase „Bedarf bewusst machen" als auch in der Phase „Beweise erbringen" gut anwenden. Was Sie an welcher Stelle bei Ihrem Partner erreichen wollen, geht aus den Überschriften der Phasen hervor. Setzen wir zunächst diese Technik in der Phase „Bedarf bewusst machen" ein.
   Referenzen haben einen großen Vorteil. Sie sind grundsätzlich neutral und haben nicht den subjektiven Beigeschmack Ihrer noch so guten Argumentation. Ihr Kunde wird die Erfahrungen Dritter demnach für glaubwürdig gehalten.

Beispiele
- „Viele Unternehmen haben die Abwicklung des … außergewöhnlich wirtschaftlich gelöst. Inwieweit würde Sie interessieren, wie man dort dieses Problem angefasst und gelöst hat?"
- „Wollen Sie sich einmal mit einem Kollegen unterhalten, der das Problem … in den Griff bekommen hat?"

Wenn Sie eine Referenz anziehen, achten Sie darauf, dass

- die Referenz wirklich gut ist
- Branche und Unternehmensgröße in etwa übereinstimmen.

3.3.9 Handlungsauslösende Fragen stellen

Nachdem wir uns nun ein Bild von der Bedarfslage und dem Interesse des Partners gemacht haben, geht es spätestens jetzt darum, die Kauf- und Investitionsbereitschaft des Kunden zu klären.

Dazu prüfen Sie im Laufe des Gespräches mit offenen Fragen die so genannten BANT-Kriterien (Budget, Autorität, Notwendigkeit/Nutzen, Termin), zum Beispiel:

- Budget: „Inwieweit ist für die Anschaffung Budget bereit gestellt?"
- Autorität: „Wer, außer Ihnen, ist an der Entscheidung noch beteiligt?"
- Notwendigkeit: „Welchen Nutzen erwarten Sie? Wenn Sie nichts tun, wie wirkt sich das auf Ihr Geschäft aus?"
- Termin: „Wann sollen die Geräte bei Ihnen in Betrieb gehen?"

Im B2B-Geschäft sind gemäß Tab. 3.2 meistens mehrere Personen an der Kaufentscheidung beteiligt. Durch die verschiedenen Aufgaben und Interessenslagen der beteiligten Personen im Entscheidungs-/Einkaufsprozess entsteht eine individuelle Mischung an Entscheidungsenergie. Damit diese Energie für Sie günstig ist, sollten Sie darauf achten, jede Person so in Ihr Vorgehen einzubeziehen, als wäre die Person alleinverantwortlich für die Kaufentscheidung. Natürlich ist der Einfluss auf die Entscheidung nicht bei allen gleich. Aber es empfiehlt sich, sein eigenes Verhalten darauf angemessen auszurichten (siehe Menthe/Sieg, Kundennutzen: Die Grundlagen im Verkauf 2012)

3.4 Problemlösung anbieten

Bisher haben Sie etwas sehr Wesentliches für Ihren Verkaufserfolg erreicht. Ihr Gesprächspartner verspürt einen Mangel und wird an der Lösung seiner ihm jetzt bewussten Probleme und den möglichen Nutzen interessiert sein.

Sie werden nun Problemlösungen anbieten, die sich genau auf die Situation des Kunden beziehen.

Mithilfe von zwei Techniken bauen Sie eine wirkungsvolle Argumentation auf, die den Abschluss vorbereitet. Beide Techniken haben Folgendes gemeinsam: Sie verkaufen in kleinen Schritten und holen möglichst viele „Ja's" ein.

3.4 Problemlösung anbieten

Tab. 3.2 Beschaffungsphasen und Rollen im Buying-Center (Godefroid/Pförtsch 2009)

Beschaffungsphase	Rollen				
	Benutzer	Beeinflusser	Einkäufer	Entscheider	Informationsselektierer
Bedarfserkennung	x	x			
Klärung von Zielen	x	x	x	x	
Ermittlung von Beschaffungsalternativen	x	x	x		x
Bewertung von Alternativen	x	x	x		
Lieferantenauswahl	x	x	x	x	

> **Technik: Lösungen im Detail verkaufen**
>
> Viele Verkäufer machen in dieser Phase einen unverzeihlichen Fehler. Sie bieten ihr Produkt in einem Stück an. Das hört sich dann etwa so an: „Mit dieser Bohrmaschine können Ihre Mitarbeiter besonders schnell und bequem arbeiten" (Behauptung).
> Besser:
> **1. Detail:** Können Sie sich vorstellen, dass Sie mit dem 1.200 W-Motor auch härtesten Beton durchbohren?
> **2. Detail:** Die Maschine verfügt über Rechts-/Links-Lauf. Mit einem entsprechenden Einsatz können Sie damit auch Schrauben rein und raus drehen. Glauben Sie, dass das ein Vorteil ist?
> **3. Detail:** Diese Maschine können Sie mit vielseitigen Einsätzen von bis zu 24 mm Schaftdurchmesser betreiben. Wäre das für Ihren Einsatzzweck von Vorteil?
> **4. Detail:** Das Maschinengehäuse ist aus leichtem, jedoch bruchfestem Material gefertigt. Die Maschine ist damit im Vergleich zu handelsüblichen Produkten wesentlich leichter und robuster. Können Sie sich vorstellen, dass dies ebenfalls einen wichtigen Vorteil, zum Beispiel bei Über-Kopf-Arbeiten, für Sie bedeutet?
> Wenn wir diese Vorteile addieren, glauben Sie dann, dass Ihre Mitarbeiter mit dieser Maschine besonders schnell und bequem arbeiten können?
> Übrigens, immer mehr Unternehmen der … Branche/Industrie setzen diese Maschine ein.

Haben Sie gemerkt, wie die Aussage „besonders schnell und bequem arbeiten" von Detail zu Detail deutlicher wurde und zum Schluss im größten Maße einleuchtend war?
Viele kleine „Ja's" ergeben ein großes „JA".

Und mehrere, durch Fragen abgesicherte „JA's" bringen Sie einem Abschluss sehr nahe. Wichtig ist, sich jeweils Zustimmung einzuholen, damit dem Kunden Vorteile auch bewusst werden.

Viele Verkäufer begehen dabei den Fehler, Produktdetails aneinander zu reihen, ohne dem Gesprächspartner auch seinen jeweiligen Nutzen bewusst zu machen.

> **Beispiel**
> Die Maschine hat einen 1.200 W-Motor, Rechts-/Links-Lauf, Einsätze von bis zu 24 mm Schaftdurchmesser und sie ist aus leichtem, bruchfestem Material gefertigt.

Das ist wenig Erfolg versprechend. Besser ist es, die Detailvorteile in Verbindung mit dem Nutzen für den Kunden herauszustellen. Dazu gibt es einige typische Formulierungen:

- Das bedeutet für Sie ...
- Das heißt ...
- Mit anderen Worten ...
- Dadurch haben Sie folgende Vorteile ...
- Damit erreichen Sie, dass ...

Stellen Sie Kontrollfragen, wenn Sie einmal eine längere Passage erläutert haben. Prüfen Sie, ob der Partner den Vorteil und Nutzen so sieht wie wir. Dafür gibt es ebenfalls typische Fragen, die Sie stellen sollten:

- Was halten Sie davon?
- Wie denken Sie darüber?
- Was meinen Sie dazu?
- Wie sehen Sie das?
- Wie gefällt Ihnen das?
- Welche Vorteile sehen Sie für sich?
- Wie bewerten Sie den Nutzen für Ihr Unternehmen?

3.4.1 Fassen wir noch einmal zusammen

Wir verpacken Lösungen in Details, um einfacher Zustimmung zu bekommen. Mit der Zustimmung zu Details wächst das Interesse des Gesprächspartners an der Maschine. Mit wachsendem Interesse verkauft der Kunde die Maschine an sich selbst. Damit sind wir dem Abschluss bereits sehr nahe gekommen.

3.4 Problemlösung anbieten

Die Identifikation mit dem angebotenen Produkt wird aber umso stärker, je mehr Sie den Gesprächspartner zur Aktion bringen.

Technik: Zur Aktion bringen

Was heißt das? Beispiele
1. Erzählen Sie Ihren Kunden nicht nur, dass die Maschine leicht ist, sondern geben Sie ihm die Maschine in die Hand.
2. Sprechen Sie nicht nur von einem einfachen Werkzeugwechsel, sondern lassen Sie es ihn selbst ausprobieren.

3.4.2 Alleinstellungsmerkmale (USP)

Durch Marktsättigung und hohe Austauschbarkeit von Produkten und Dienstleistungen werden Alleinstellungsmerkmale (USP Unique Selling Proposition) immer wichtiger.

USP ist ein einzigartiges Verkaufsversprechen bei der Positionierung einer Leistung. USPs sollen durch Herausstellen eines einzigartigen Nutzens das eigene Produkt und die damit verbundenen Leistungen von den Konkurrenzprodukten abheben und den potenziellen Kunden zum Kauf anregen.

Der Verkaufsvorteil gegenüber dem Wettbewerb muss nachweisbar und beweisbar sein. Je größer der Nutzen und je gewichtiger die Alleinstellungsmerkmale seitens des Kunden empfunden werden, desto eher ist er bereit, einen höheren Preis zu bezahlen bzw. bei uns zu kaufen.

Beispiel
Unsere wichtigsten Alleinstellungsmerkmale sind:
1. (zukunftsfähige) Technologie: Modulbauweise,
2. (größere) Flexibilität: Wir liefern durch die integrierte Software maßgeschneiderte Lösungen,
3. Preis-Wert: durch Modulbauweise erweiterbar, zahlreiche technische Möglichkeiten. Die offene Gerätearchitektur setzt durch Modularität, Integrationsfähigkeit und Vielseitigkeit neue Maßstäbe hinsichtlich der Wirtschaftlichkeit und Zukunftssicherheit in der Dichtheitsprüfung.

Auch komplexe Aufgaben lösen wir ohne aufwendige Sonderanfertigungen durch die individuelle Kombination standardisierter und austauschbarer Module.

Unsere Produkte sind intuitiv bedienbar, selbsterklärend und einfach an neue Aufgaben anpassbar. Sie gewinnen Zeit und sparen Geld.

Welche Alleinstellungsmerkmale haben Ihre Produkte/Ihre Geschäftsabwicklung? Sie haben keine? Dann sollten Sie schnellstens dafür sorgen.

Im Zusammenhang mit dem „Bedarf bewusst machen" haben wir darüber gesprochen, dass an der Entscheidungsfindung beim Kunden häufig mehrere Personen mit unterschiedlichen Aufgaben und Interessen beteiligt sind. Auch haben wir darüber gesprochen, dass der Kunde nur dann investiert, wenn er einen Nutzen hat.

Deshalb ist es bereits bei der Skizzierung des Lösungsvorschlags wichtig, eine Argumentation zu entwickeln, die für jeden Beteiligten Nutzenaspekte enthält.

Und noch ein wichtiger Punkt: Nennen Sie auf keinen Fall den Preis, bevor Sie nicht sicher sind, vom Kunden alle notwendigen Informationen (Probleme, Ziele, Wünsche, Anforderungen usw.) erhalten zu haben und der Kunde mit Ihnen eine Vorstellung über den Wert einer Lösung (seiner Probleme etc.) entwickelt hat! Warum das wichtig ist, lesen Sie in Kap. 9.

3.4.3 Beweis erbringen

Wenn der Gesprächspartner die Problemlösung und den Nutzen verstanden hat, geht es ihm jetzt nur noch um die Stichhaltigkeit Ihrer Argumente. Wir schlagen folgende sieben Methoden vor:

1. *Vorführung:* Bezogen auf Maschinentechnik bedeutet dies beispielsweise eine anwendungsbezogene Vorführung, mit der Sie die Lösung seiner Probleme beweisen.
2. *Probefahrt:* Sie ist vergleichbar mit einer intensiven Vorführung.
3. *Probestellung:* Sollte die Vorführung zur Entscheidung noch nicht ausreichen, kann auch eine Probestellung endgültige Beweiskraft haben.
4. *Referenz:* Wie in der Erläuterung der Phase „Bedarf bewusst machen" bereits angedeutet, sind die Erfahrungen anderer Unternehmen glaubwürdiger und damit stichhaltiger als Ihre Argumente. Eine gute Referenz bedeutet sichere Abschlüsse und zufriedene Kunden. Schaffen Sie möglichst schnell gute Referenzen in Ihrem Verkaufsgebiet. Sie werden sehen, das Verkaufen geht leichter.
5. *Test:* Testergebnisse von anerkannten, neutralen Institutionen/Fachleuten haben eine vergleichbare, oft größere Wirkung als die Referenz.
6. *Machbarkeitsstudie:* Bei komplexen Sachverhalten, großen Interdependenzen und in der Regel auch hohen Investitionen, empfiehlt sich eine Machbarkeitsstudie. Mit ihr werden „zwei Fliegen mit einer Klappe geschlagen":
   – Nachweis der Funktionalität,
   – sicherere Kalkulationsgrundlage für Anschaffung und Betrieb.
7. *Wirtschaftlichkeitsberechnung:* Sie müssen in der Lage sein, den für Ihren Kunden wirtschaftlichen Einsatz Ihrer Produkte auch rechnerisch nachzuweisen. **Die Nutzenkalkulation und -argumentation sowie die Darstellung Ihres Mehrwertes sind dabei zweifelsfrei die Schlüsselfaktoren.** (siehe auch Menthe/Sieg, Kundennutzen: Die Basis für den Verkauf, 2012)

3.4 Problemlösung anbieten

Um hohe Preise abzubauen und Vorteile besonders deutlich herauszustellen, unterscheiden wir zwei Techniken:

1. *Additionsmethode*

> **Beispiel**
> Unsere Maschine kostet 300 € mehr als die der Mitbewerber. Der Kunde wird sich nun fragen, was Sie ihm für diesen Mehraufwand mehr bieten. Addieren Sie einfach die Vorteile aus folgenden Details:
> Viele Werkzeuge → vielseitige Verwendung
> + 1.200 W-Motor → höhere Leistung
> + Links-/Rechts-Lauf → vielseitiger Einsatz
> + Schmutzabsaugung → weniger Schmutz und Staub
> + Fertigungserfahrung → ausgereifte Technik – zuverlässig
> + qualifizierter technischer Service → ständige Einsatzbereitschaft

2. *Divisionsmethode*
Beziehen Sie eine Preisdifferenz auf den Nutzungszeitraum und brechen Sie den Betrag auf Jahr, Monat oder Tag herunter.

> **Beispiel**
> Die Maschine kostet 300 € mehr als eine Wettbewerbsmaschine.
> Nutzungszeitraum = 5 Jahre = 300 € : 5 J = 60 €
> Mehrkosten pro Monat = 60 € : 12 Monate = 5 €
> Die zunächst als unüberwindlich erscheinende Preisdifferenz wird optisch verkleinert. Dem Kunden kann dadurch klar werden, dass der Mehrpreis für ihn relativ unbedeutend ist. Verkleinern Sie aber nicht zu stark (zum Beispiel Mehrpreis = 27 ct pro Tag), das kann lächerlich wirken.

Optimal wird diese Technik, wenn Sie nun noch einmal die Vorteile und den Nutzen der Maschine für den Kunden addieren.

Erarbeiten Sie zu jeder Technik ein Beispiel für Ihre Produkte.

Beweisführung bedeutet nichts anderes, als die Forderung nach Stichhaltigkeit zu erfüllen. Hier noch ein paar weitere Methoden:

- Tatsachenbeweis: Es ist eine bewiesene Tatsache
- Autoritätsbeweis: Auch Prof. Dr. … bestätigt
- Statistikbeweis: Langjährige Untersuchungen haben gezeigt …
- Kausalbeweis: Wenn …, dann …
- Analogiebeweis: Was für … gilt, gilt auch für …

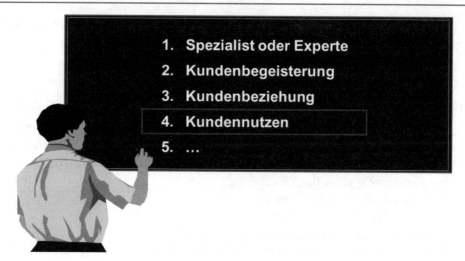

Abb. 3.4 Erfolgsfaktoren im Verkauf (M. Sieg)

Jede Aktion des Verkäufers hat innerhalb des Verkaufsgespräches eine bestimmte Reaktion des Gesprächspartners zur Folge. Jede Reaktion, die wir beim Partner beobachten, fordert unser Vorgehen in eine ganz bestimmte Richtung. Dieses Vorgehen bezeichnen wir als Verkaufstaktik.

Die Reaktionen unserer Gesprächspartner können positiv, negativ oder neutral sowie bewusst oder unbewusst sein. Bewusste Reaktionen sind Fragen, Antworten, Überlegungen, Kommentare, Zustimmungen, Einwände usw. Unbewusste Reaktionen zeigen sich durch Gedankenlosigkeit, Kopfschütteln, Lächeln, Stirnrunzeln etc.

Nur wenn wir die Reaktionen unserer Kunden genau beobachten, verstehen und vor allem richtig interpretieren, können wir auch die richtige Verkaufstaktik einsetzen.

Der Nutzen der Neuroökonomik 4

Die Neuroökonomik hat sich zu einer neuen Forschungsrichtung entwickelt, die mit neuen empirischen Methoden die Neurowissenschaft bereichert. Sie versucht insbesondere das Entscheidungsverhalten von Konsumenten über die Beobachtung von Hirnaktivitäten zu erklären. Wenn das gelingt, wäre die Ökonomik um einen wesentlichen neuen Aspekt erweitert, weil nun nicht mehr nur Entscheidungen, sondern auch die Gründe für Entscheidungen beobachtbar würden. Damit öffnet sich die Blackbox Gehirn, so wie sich die Blackbox Vertrieb durch genaue Betrachtungen der Vertriebsprozesse zwischen Input und Output geöffnet hat.

Die bisher überwiegend spekulative und deduktive Vorgehensweise der ökonomischen Theorie in den letzten Jahrzehnten würde durch die Umstellung der entscheidungstheoretischen Grundlagen (theoretische Neueinschätzung) auf die empirisch beobachtete (belegbare) Funktionsweise des Gehirns eine ganz neue Methode bedeuten. Die neuartigen und teils sehr kostenintensiven Verfahren sind folgende:

- Die Positronen-Emissions-Tomographie (PET) funktioniert auf Basis von Radioaktivität. Die injizierte radioaktiv markierte Lösung wird innerhalb des Stoffwechselvorgangs im Gehirn sichtbar. Die radioaktiv zerfallenden Positronen der aktiven Neuronen geben über kurze Zeit Strahlung ab, die von einem Röntgendetektor gemessen und anschließend dargestellt wird.
- Die Magnetresonanztomographie (MRT) ist ein bildgebendes Verfahren, welches statische und dynamische Bilder des Gehirns liefert.
- Die funktionelle Vorgehensweise der MRT (fMRT) nutzt zusätzlich den hohen Sauerstoffverbrauch des Gehirns bei der Aktivität. Das Verfahren ermöglicht auf nichtinvasive Weise den Einblick ins aktive Gehirn. Ein Vorteil ist, dass auf den Gebrauch radioaktiver Mittel verzichtet werden kann, die beim PET benötigt werden. Weiterhin wird eine sehr hohe Bildauflösung erreicht, die es ermöglicht, räumliche Aufnahmen im 1-Millimeterbereich sichtbar zu machen.

Wenn sich nun neue, möglicherweise bessere Methoden etablieren, stößt dies auch auf Kritik an traditionellen Vorgehensweisen, wie zum Beispiel die der geisteswissenschaftlich ausgerichteten Ökonomen. Die Kritik richtet sich insbesondere gegen die Annahme der Neurowissenschaft, dass Denken und Urteilen von neuronalen Aktivitäten bestimmt werden – ein neuer Diskurs mit vielen Interpretationsmöglichkeiten. Die Forschung steht erst am Beginn. Die Hirnforschung kann Denken und Handeln sichtbar machen und damit Handeln aus der Aktivität des gemessenen Hirnstoffwechsels vorhersagen.

In jüngster Zeit belegten systematische Untersuchungen, dass unsere Wahrnehmung durch unser Wissen, unsere Erinnerungen, unsere Vorurteile und durch den Kontext der von außen dargebotenen Reize beeinflusst wird. Aus diesem Grund kann ein Verkäufer dem Kunden etwas überzeugt darbieten, obwohl der Kunde momentan keinen Bedarf hat. Äußere Reize können uns beeinflussen. Dies illustriert auch das folgende Beispiel: Ein Kunde möchte eine Angel kaufen und geht mit einem Golfbag aus dem Sportgeschäft. Wie kam es dazu? Der Verkäufer prophezeite ihm ein Wochenende mit schlechtem Wetter – laut Wetterbericht – und schaffte es, ihm Indoorgolf schmackhaft zu machen. Ein weiterer Beleg für den Einfluss von positiven Emotionen auf die nicht geplante Kaufentscheidung ist der Marktschreier, der vorbeilaufende Menschen aktiviert, überzeugt und zum Kauf motiviert.

Eine willentliche Kontrolle oder Abwehr ist höchstens teilweise möglich. Die Hirnforschung und Kognitionswissenschaften sind sich darüber einig, dass Menschen sehr leicht beeinflussbar sind, wenn sie bereits zielorientiert sind. Der Zegarnik-Effekt (etwas Begonnenes zum Abschluss bringen zu wollen) bestätigt, dass Menschen zur nächstliegenden Alternative greifen, wenn das passende Angebot nicht verfügbar ist. Wir werden somit kompromissbereiter und zwar in Abhängigkeit von der Intensität der Zielmotivation.

Steht die Anschaffung eines neuen Warenwirtschaftssystems bevor, um das alte abzulösen, so verändert sich die Entscheidungsfindung je nach Dringlichkeit und dem verfügbaren Angebot. Besteht Handlungsdruck und die Software muss innerhalb der nächsten drei Monate für ein 500-Mitarbeiter großes Unternehmen installiert sein, so ist die Kompromissbereitschaft und Flexibilität höher als bei einer Investitionsentscheidung, die noch zwölf Monate Zeit hat. Auch der Wunsch nach einem bestimmten Automodell, welches eine Lieferzeit von zehn Wochen hat, kann unbewusst verändert werden. Weil man das Auto lieber heute als morgen hat, nimmt man auch gerne eine verfügbare Tageszulassung und verzichtet auf die eine oder andere Sonderausstattung.

Auf der Hirnebene ist in erster Linie unser vergleichbar junges Stirnhirn für unser kognitives, soziales und emotionales Verhalten verantwortlich. Die Entscheidung wird jedoch im limbischen System getroffen. Insbesondere die Außenreize mangelnder Schlaf oder erhöhte Ablenkbarkeit und Stress (privat/beruflich) vermindern die Einsicht und Selbstkontrolle und erhöhen die Suggestibilität, die sich Verkäufer in Gesprächssituationen zunutze machen können.

Die Reizüberflutung durch zu viele Informationen führt zur Bremsaktivität durch unser Nervensystem. Der größte Engpass ist unser menschliches Kurzzeitgedächtnis, welches laut Cowan (2000) im Bereich von wenigen Minuten maximal vier Informationseinheiten verarbeiten kann. G. A. Miller (1959) vertrat die Auffassung, es wären fünf bis neun. Dies kann man sich auch bei der Nutzenargumentation zu Herzen nehmen. Anstatt dem interessierten Kunden im Fachmarkt die zwölf wichtigsten technischen Merkmale zu nennen, die man in der letzten Produktschulung des Herstellers erhalten hat, sollte der Verkäufer nach einer sorgfältigen Bedarfsanalyse genau drei bis vier Produktmerkmale auswählen, diese in Vorteile für den Kunden übersetzen und sie dann auf den individuellen Nutzen abstimmen und überzeugend mit rhetorischem und körpersprachlichem Geschick vortragen.

Wie erwähnt, sind wir schnell überfordert. Eine große Auswahl macht uns weder glücklicher noch fällt die Entscheidung leichter. In der Regel entscheiden sich Entscheider für die mittlere Variante – das Mittelmaß. Wer Käufer davon abhalten möchte, sollte zwei Varianten vorstellen (günstig und teuer) und dann eine dritte als Premiumvariante. In über 80 % der Fälle entscheiden sich Kunden dann für die mittlere Lösung (vorher die teure Variante).

Um das Kurzzeitgedächtnis nicht zu überfordern, setzt die moderne Werbung auf den Priming-Effekt. Priming steht für eine höhere Wiedererkennungswahrscheinlichkeit für etwas vorher unbewusst Wahrgenommenes. Anbieter schalten einen 20-Sekunden-Spot im Radio oder Fernsehen und nach zwei bis drei weiteren Spots kommt dann der Teil B. So hinterlässt der erste Spot beim Zuhörer unbewusst eine erste Wahrnehmung und der Wiederholungsspot führt zu erhöhter Erinnerungsleistung und damit zum wahrscheinlicheren Produkterwerb.

Spätestens seit Freud (Triebtheorie) und Maslow (Bedürfnispyramide) wissen wir, dass wir Menschen sehr empfänglich für das Animalische und Dionysische sind. Die intelligente Werbung zielt daher häufig auf das Tierische, Männliche, Kompetitive ab sowie auf das Weibliche, Schützenswerte, Harmonische, Genussvolle und Vertrauenerweckende. Die Treiber sind unter anderem Dopamin, Cortisol und andere Hormone, die wir seit Urzeiten in unserem individuellen limbischen Hormoncocktail haben.

Alles, was wir dabei unserem Körper antun (Drogenkonsum, Bungeespringen, Diät, Marathonlauf, Konzerterlebnisse, Massenveranstaltungen usw.), beeinflusst unsere geistige Kapazität, denn wir tun es gleichzeitig unserem Gehirn an (vergleiche Alkohol und das „Runner's High" beim Marathon). Die mit funktioneller Bildgebung arbeitenden Verfahren weisen nach, dass auf der Hirnebene die gleichen Regionen aktiviert werden, wenn man Wein genießt, Kokain einnimmt, im Fußballstadion sitzt oder dem Lieblingspianisten lauscht. Dies führt zur Aktivierung von opiatartigen Hormonen, die uns dieses Glücksgefühl erleben lassen.

Ebenso können negative Faktoren unsere Stimmung – auch im Kaufprozess – beeinflussen. Denken Sie einmal an den schlechten Kaffee, den man Ihnen beim Warten angeboten hat, den ungeputzten Besucherwarteraum, die schmutzige Gästetoilette, der penetrante Geruch eines Mitarbeiters des Unternehmens usw. All diese Eindrücke (sogenannte Emotional Booster) beeinflussen Ihre Entscheidungsfindung und die des Kunden.

Die Hirnforschung kann heute Denken und Handeln sichtbar machen und damit Handlungen aus der Aktivität des gemessenen Hirnstoffwechsels vorhersagen. Unser

Hirnzustand ist somit nicht statisch und determinierbar, sondern unterliegt kontinuierlich den Umwelteinwirkungen und nimmt Veränderungen und Anpassungen selbstständig unbewusst vor. Unser Bewusstsein ist demzufolge auch immer nur das Bewusstsein für den gegenwärtigen Moment – das JETZT! Sind wir in der Lage, als Käufer den positiven oder negativen Moment im Verkaufsgespräch oder der Entscheidungssituation wahrzunehmen, hat er einen willentlichen Einfluss auf unser Entscheidungsergebnis und wird unbewusst entsprechend für die Zukunft als Erlebnis abgespeichert. Ein Beispiel: Nach dem Konzert sagen wir: „Es war fantastisch, der Künstler war richtig gut," und dann läuft uns noch ein positiver Schauer durch den Körper. Dieses Erlebnis wird langfristig abgespeichert und mit dem Künstlernamen assoziiert, solange er auf dem nächsten Konzert keinen negativen Moment auslöst.

4.1 Entscheidungen und Restriktionen

Im Nachfolgenden betrachten wir, wie wichtige ökonomische Fragestellungen (Kaufverhalten, Entscheidungen und Restriktionen etc.) durch die Methoden der Neurowissenschaft (zum Beispiel Magnetic Resonance Imaging oder kurz MRI) bearbeitet werden. Zudem zeigen wir auf, wie diese Ergebnisse die zukünftige Vorgehensweise im Vertrieb beeinflussen werden. Mithilfe der Neuroökonomik kann belegt werden, dass neben der Kognition auch Emotionen, die nicht bloß als Gefühle verstanden werden dürfen, eine wichtige Rolle in Entscheidungsprozessen spielen.

Emotionale Aspekte des Entscheidens scheinen geeignet, eine Reihe von Problemen zu erklären, welche die ökonomische Theorie bislang nicht zu lösen vermochte. Denn gerade Emotionen halten in komplexen Zusammenhängen die Entscheidungsfähigkeit aufrecht. Ein konkretes Beispiel sind die komplexen Ausschreibungsverfahren für Großprojekte, in denen eine Vielzahl von Anforderungen technischer und kaufmännischer Art berücksichtigt werden müssen.

Ausgewählte Forschungsarbeiten im Bereich des Neuromarketing finden sich zum Beispiel in folgenden Bereichen:

- Werbewirkungsforschung
- Auswahlentscheidungen zwischen verschiedenen Produkten im Automobilbereich
- Kaufentscheidungsprozesse
- Auswahlentscheidungen zwischen unterschiedlichen Markenprodukten
- Einfluss von Marken auf Glaubwürdigkeitsurteile
- Auswahlentscheidungen zwischen Betriebstypenmarken.

4.1 Entscheidungen und Restriktionen

Für die intensive Betrachtung des Einflusses von emotionalem und rationalem Nutzen finden sich bereits erste Ergebnisse, die für die vertriebliche Vorgehensweise und das Marketing wertvoll sind:

- Produkte, die **Wohlstand und Status symbolisieren**, führen zu einer erhöhten Aktivität in Hirnarealen, die für die Belohnung zuständig sind. Buchtipp: Kunden kaufen nur von Siegern. GE und Cisco haben es in der Firmenphilosophie so gehalten, dass sie sich nach vier Jahren aus einem Markt oder Bereich zurückziehen, wenn sie dort nicht die Nr. 1 oder Nr. 2 (Chancen auf die Marktführerschaft) werden können. Marktbegleiter haben es hier schwer, wenn das Produkt kein Marktführerimage repräsentiert.
- Es gibt einen negativen Zusammenhang zwischen Markenbekanntheit und der Zeit für die **Entscheidungsfindung**. Je bekannter die Marke, desto weniger Zeit braucht man, um sich beim Kauf zu entscheiden.
- Es besteht ein negativer Zusammenhang zwischen einfacher Kaufentscheidung und **Reaktionszeit**.
- Mit dem fMRT-Verfahren wurde gezeigt: In Situationen, in denen die **Glaubwürdigkeit** mehrdeutig ist, hat die Markeninformation einen wichtigen Einfluss auf die Entscheidungsfindung. Hier kommt es zu erhöhter Aktivität in Hirnarealen, die Belohnungen in die Entscheidung einbinden.
- Je nachdem, ob und wenn ja welche Markeninformation dem Probanden gegeben wird, aktiviert der Genuss eines Softdrinks unterschiedliche Areale. Wird dem Konsumenten gesagt, dass seine präferierte Marke verabreicht wird, werden Belohnungsareale aktiviert.
Bemerkung: Dieses Ergebnis kann eine Auswirkung auf Entscheidungen bei größeren Anschaffungen im Investitionsgüterbereich haben. Wenn der technische Einkäufer den Anbieter seiner **präferierten Marke** im Gespräch trifft, wird das eigene Belohnungsareal aktiviert und die Entscheidung unbewusst positiv unterstützt. Die Positionierung der Marke und das Image spielen somit im B2C und im B2B eine sehr wichtige Rolle, ebenso wirken die Farben der Marke auf die limbischen Kerninstruktionen, wie zum Beispiel Rot für Dominanz-gesteuerte oder Blau für sehr rational- und leistungsorientierte Menschen.
- Hohe **Kundenloyalität** geht mit speziellen Aktivierungen in den Belohnungsarealen einher. Für den Aufbau der Kundenloyalität scheint somit die Vermittlung von positiven Emotionen von besonderer Bedeutung zu sein. Dies bestätigen die messbaren Aktivitäten in Entscheidungssituationen.
- **Markenpersönlichkeiten** werden in Hirnbereichen der Objekterkennung verarbeitet. Menschliche Persönlichkeiten wie der Verkäufer oder Servicemitarbeiter beeinflussen somit Hirnareale, die für die Integration von Belohnungen in die Entscheidungsfindung zuständig sind, wie Yonn und andere in 2006 mit dem fMRT nachgewiesen haben.

Es wurde aufgezeigt, dass Verkäufer nie ersetzbar sein werden, und nachgewiesen, dass die Verkäuferpersönlichkeit einen großen Einfluss auf die Kaufentscheidung nehmen kann. Die Verkäuferpersönlichkeit unterstreicht somit den Produkt- oder Dienstleistungsnutzen unbewusst positiv oder negativ.

4.2 Fünf Punkte bestimmen unser Handeln

Die folgenden fünf Punkte bestimmen unser Handeln:
1. *Erscheinungsbild*
   Das Erscheinungsbild eines Reizes bestimmt wesentlich dessen Aufnahme und Verarbeitung (beispielsweise Sympathie) auf der Hirnebene. Natürliche, künstliche, lebendige und unbelebte Umweltreize bestimmen unser Verhalten als Reaktion auf den Reiz und verändern unser Gehirn. Interessant für Marketing und Verkauf ist, in welcher Weise dies geschieht. Werden bestehende Erlebnisse verstärkt oder verringert und werden unsere Nervenzellen stimuliert oder gehemmt?
2. *Erfahrung*
   Alles, was wir bisher erlebt und wahrgenommen haben, wirkt vertraut und hilft uns, in neuen Situationen oder bei neuen (Produkt-)angeboten Vergleiche anzustellen. Ist der Reiz neu und unbekannt oder mit einem alten Erlebnis vergleichbar und assoziierbar? Neben der emotionalen Bewertung der Situation ist auch die Intensität unserer Aufmerksamkeit im Hinblick auf Neues und Bekanntes wichtig für die Bewertung der Wirksamkeit von Reizen.
3. *Erwartung*
   Wie sieht unsere Erwartungshaltung an einen neuen Lieferanten oder einen bestehenden Kunden aus? Die Erwartung bestimmt die Wahrnehmung wesentlich. Die selbsterfüllende Prophezeiung (Vorhersage, die sich deshalb erfüllt, weil sich der Vorhersagende, meist unbewusst, so verhält, dass sie sich erfüllen muss) bestätigt unsere Erwartung. Das Verhalten des Gegenübers oder die Produktdarbietung sowie der Nutzen frustrieren oder motivieren uns, je nachdem, wie hoch unsere Erwartungshaltung ist.
   Für den Verkauf ist es wichtig, die Erwartungshaltung des Kunden im ersten Gespräch nicht zu hoch anzusetzen: Wenn das Versprochene nicht gehalten wird (zum Beispiel hinsichtlich Verfügbarkeit oder Termintreue), dann wird der Verkäufer schnell unglaubwürdig und als „Dampfplauderer" abgestempelt. Es ist besser, realistisch und ehrlich zu sein, dies schafft Vertrauen. Sollten wir den Kunden positiv überraschen können, weil wir schneller als erwartet liefern können, das Angebot noch attraktiver gemacht werden kann oder der Service besser ist als erwartet, dann „boosten" wir die Emotionen des Kunden positiv – was langfristig zu einer steigenden Erwartungshaltung führt, die insbesondere durch die Servicequalität beeinflusst wird.

4. *Emotion*

Emotion schlägt Information. Emotionen lassen sich für uns schwerer kontrollieren als unser rational-kognitives Verhalten, welches bewusst gesteuert wird. Emotionen wirken auf der Herz- und Magenebene. Die Wahrnehmungskanäle und das Nervengeflecht in der Bauchgegend nehmen auf, ob uns der Gesprächspartner in einen guten Zustand versetzt und ob wir eine angenehme Gesprächsatmosphäre mit dem Fokus auf Gemeinsamkeiten erleben oder ob er durch sein Benehmen, die Körperhaltung und das Gesagte eher negativ wirkt. Entscheidend ist auch, ob der Verkäufer eher optimistisch und lösungsorientiert oder tendenziell eher pessimistisch und problemorientiert denkt und spricht. Deshalb geht es im Verkauf darum, den Herzschlag des Kunden positiv zu erhöhen, also Spannung erzeugen, Humor einbringen, freundlich sein, Sympathie erzeugen und dem Kunden interessiert zuhören.

5. *Evaluation*

Unser gesundes Gehirn integriert Informationen in einer simultanen und sequenziellen Weise. Lesen wir Satz für Satz, nehmen wir parallel noch das klingelnde Telefon wahr und entscheiden dann, ob wir dem Reiz folgen und abnehmen. Im Verkaufsprozess sprechen wir mit uns selbst, während unser Gegenüber etwas sagt oder präsentiert. Unser innerer Dialog ist die automatische Bewertungsmaschine von emotionalen und rationalen Denkvorgängen, die das Wahrgenommene filtern. Erfahrung, Erwartung und Impulse aus der inneren und äußeren Welt beeinflussen die Bewertung und die folgende Handlung.

4.3　Wahrnehmen und Erkennen

Im Konstruktivismus wird ein erkannter Gegenstand vom Betrachter selbst durch den Vorgang des Erkennens konstruiert. Jeder Mensch schafft somit seine eigene Realität durch seine Erfahrungen und Wahrnehmungsfilter. Bei der Verarbeitung von Fakten geht es um die Sichtweise dieser Fakten und die Verarbeitung der eigenen Emotionen. Daraus ergibt sich ein Verhalten, welches nicht immer für andere nachvollziehbar ist. Während eine Person vor einer weißen Ratte (Fakt) davonrennt, nimmt eine andere Person die Ratte auf und streichelt sie.

Menschen streben nach Selbsterhalt und danach, ein Selbstbild zu entwickeln. Daher nehmen wir Dinge und Fakten auf eine Art wahr, die uns emotional schützt (Angst) und unser Selbstbild fördert (Selbstreflexion). Der Wahrnehmungsvorgang und die Reaktionen und Einschätzungen, die sich daraus ergeben, sind emotional codiert. Es sind unsere Präferenzen und die Gefühle, die wir innerlich erzeugen und die uns Informationen liefern. Sie beeinflussen damit die Informationsverarbeitung.

Wahrnehmung bedeutet in diesem Zusammenhang und aus Sicht der Hirnforschung die Durchlässigkeit der externen Welt in die interne Welt des Menschen. Interaktionen eines Einkäufers, Konsumenten, Verkaufsleiters, Beraters oder Geschäftsführers werden maßgeblich davon beeinflusst, wie unsere Sinne stimuliert und wie diese Reize im Gehirn verarbeitet werden. Als Sinneskanäle sind zum Beispiel die visuellen, auditiven, kinästhetischen, gustatorischen und olfaktorischen Sinnesfilter gemeint, aber auch Metaprogramme zur Filterung von Informationen.

Ist ein Mensch eher überblicksorientiert oder vertieft er sich gerne ins Detail? Filtert er eher Gemeinsamkeiten oder Unterschiede aus Dialogen heraus? Limitationen und Optimierungen der Verarbeitung im Gehirn stellen zugleich Grenzen des Austauschens von Informationen im wirtschaftlichen Zusammenhang dar und sollten in der betrieblichen und persönlichen Planung (zum Beispiel Arbeitsabläufe, Präsentationsschritte) berücksichtigt werden. Besonders das Marketing und der Vertrieb sollten darauf achten, komplexe Informationen über Produkte in möglichst leicht verständlicher und zugänglicher Art und Weise zu übermitteln. Machen Sie es dem Kunden leicht, Ihr Angebot zu verstehen und bei Ihnen zu kaufen (Kontaktmöglichkeit).

Beispiel Verkaufspräsentation

Im ersten Schritt der Wahrnehmungsbildung filtern wir aus. Dieser erste Schritt läuft unbewusst ab und wir sortieren im Prozess Unvertrautes (zum Beispiel unbekannte Reize) aus, weil es uns mehr anstrengt, als Bekanntes wiederzuerkennen und zu vergleichen. In einem Autohaus bewegen wir uns auf verschiedene Autos zu und gleichen dabei intern ab, was wir kennen und was nicht. Welche Sonderausstattungen sind neu, und wenn ja, sind diese für uns interessant? Dann kommt der Verkäufer aus dem Glaskasten und wir nehmen seinen Gang (aufrecht oder müde), seinen Gesichtsausdruck (fröhlich oder gelangweilt) und seine Kleidung (gepflegt oder ungepflegt) wahr. Erblicken wir in der Ferne ähnliche Menschen und attraktive Personen, so schenken wir diesen Menschen einen Vertrauensvorsprung. Wir klassifizieren den Verkäufer und wenden uns gemeinsam dem Fahrzeug zu.

Im Dialog bewerten wir unbewusst seine Stimme, die Art der gestellten Fragen und filtern die für uns wichtigen Botschaften. Sympathie erzeugt dabei seine eventuell zugewandte Körperhaltung, freundliche Gesten und eine freundliche, energievolle Stimme. In diesen ersten Minuten spüren wir ein inneres Gefühl. Wir spüren, ob wir uns wohlfühlen und die „Chemie" passt. Ist das der Fall, gibt das Unterbewusstsein die Türe zum Verstand frei und wir sind bereit für die rationale Bewertung der Fakten. Ist das nicht der Fall, führen wir einen inneren Dialog, weil wir noch unsicher sind.

In der Steinzeit hatten wir bereits drei Handlungsmöglichkeiten zur Auswahl: Angriff, Flucht oder Totstellen. Das Totstellen ist heute mit einer vorsichtig abwartenden Haltung zu vergleichen. Ist der Verkäufer zu aufdringlich und „überrollt" uns förmlich, kann das bei manchen Menschen sogar zu Stress führen. Sie fühlen sich überfordert und schirmen sich durch das unsichere Gefühl ab. Man zieht sich zurück.

Im weiteren Verlauf des Gesprächs klassifizieren und interpretieren wir das Angebot und gleichen dieses mit unseren Bedürfnissen ab. Dabei buchen wir auf ein Positiv-Konto, wenn der Verkäufer uns positiv beeinflusst hat, oder wir buchen auf das Negativ-Konto, wenn der Verkäufer uns unterbricht, sich bereits im Gespräch abwendet und ungeduldig mit dem Kugelschreiber herumklickt. Wir interpretieren durch unsere

Wahrnehmung, durch unsere Reaktionen auf bestimmte Fakten (Präferenzen) und ebenso durch unsere bevorzugten Sinneskanäle (visuell, auditiv oder haptisch). Dies geschieht aufgrund unserer vorgefassten Einstellung. Wir sind also niemals wirklich neutral oder unvoreingenommen. Beides wurde ebenfalls mit Emotionen abgespeichert. Wir fühlen, bevor wir denken, und das geht sehr schnell, weil das Unbewusstsein um ein Vielfaches schneller ist. Häufig können wir dabei unsere innere Gefühlswelt in diesem Feuerwerk der Eindrücke gar nicht verbal zum Ausdruck bringen. Wenn Sie auf einem Rummelplatz Achterbahn fahren, sprechen Sie nach Fahrtende auch nicht in ganzen Sätzen. Ein Zeichen, dass Sie intern die Gefühlseindrücke und Emotionen noch verarbeiten müssen.

Zu viele neue Impulse. Das gleiche geschieht bei Informationsflut. Überhäuft uns der Verkäufer mit einem rhetorischen Feuerwerk und einer Flut von Produktinformationen, zieht das Unbewusste die Reißleine und verarbeitet zunächst den ersten Input. Für Verkäufer heißt das: eines nach dem anderen. Zuhören, wiedergeben, argumentieren und die nächste Frage.

Bei unseren grundlegenden emotionalen Reaktionen irren wir uns nie im Hinblick darauf, was wir mögen und was nicht. Die letzte Stufe der Wahrnehmung entscheidet das Wiedererkennen, denn wir tendieren dazu, uns bevorzugt an jene Erfahrungen zu erinnern, die sich gut in unseren vorhandenen mentalen Rahmen eingefügt haben. Jeder Entscheider im Einkauf, der IT-Abteilung oder als Konsument steuert somit den eigenen Entscheidungsprozess, bis wir uns mit unserer Wahl wohlfühlen.

Emotionen sind selbstrechtfertigend und deshalb kann sich die emotionale Reaktion vollständig vom Inhalt lösen. Entscheider verteidigen häufig ihre Entscheidungen und ihr Verhalten unter Verweis auf Details, die sie vorher rational als irrelevant einstuften. Das Unbewusste schafft also auch eine Tür für den Fall des „Irrtums".

Der Mensch ist ein fehlbares Wesen und handelt nicht immer nach rationalen Überlegungen, wie es Bungee-Jumping und Base-Jumper zeigen. Sie stehen für etwas Außergewöhnliches und Risikoreiches. Ein Base-Jumper bekommt so einen Adrenalinrausch, dass er sich gut spüren kann. Der Körper ist mit Hormonen angefüllt, und es liegt ein Zustand absoluter Angespanntheit und Wachheit vor.

Unsere Werte, limbische Instruktionen und Faktoren wie Gier und Machtstreben sowie das Streben nach Nähe beeinflussen unsere Entscheidung stark. Handlungsalternativen werden attraktiver gemacht, indem wir sie bewusst mit schlechteren Alternativen vergleichen. Der Betrag, den man in bestimmten Kategorien zu zahlen bereit ist, wird auf einem mentalen Konto geführt. Es gibt somit Grenzen, die wir uns setzen.

Verbraucher bewerten also einen Kaufgegenstand und legen intern fest, wie viel sie bereit sind, dafür auszugeben. Im sogenannten **Mental Accounting** gibt es zwei betrachtenswerte Besonderheiten. Wollen wir etwas unbedingt haben, sind wir bereit, unverhältnismäßig mehr dafür auszugeben (zum Beispiel das neueste iPhone). Bei einem Produkt, das als günstig angeboten wird, können selbst 70 % Nachlass noch zu teuer sein, weil wir gerne noch mehr sparen wollen.

Besitzstreben und Sparsamkeit sind also zwei besondere Werte in der Preisfindung. Für innovative Produkte gilt: Neueren Erfahrungen wird ein ungerechtfertigt höheres Gewicht beigemessen und neue Informationen bewerten wir anhand unseres Grundwissens. Ist unser Wissen über das Beschaffungsgut klein, so kann der Verkäufer seinen Vorsprung ausnutzen, weil wir wenig vergleichbare Erfahrungen haben. Somit wird der gut informierte Verkäufer glaubwürdig und schneller als Experte eingeschätzt.

Beweisen Sie dem Kunden Ihre Expertise, indem Sie ihn anhand von wahrheitsgemäßen Erlebnissen (Storytelling) überzeugen und ihm durch erhöhtes Verstehen ein besseres Gefühl geben.

Ein erklärtes Ziel der neuroökonomischen Forschung ist die möglichst vollständige Erklärung menschlichen Verhaltens in ökonomisch relevanten Situationen wie dem Konsum, der Entscheidung über die Anschaffung von Investitionsgütern, dem Verhalten am Arbeitsplatz oder von privaten Anlageinvestitionen am Kapitalmarkt (vgl. Finanzökonomie). Als basierende Triebfeder gibt es zwei Motivationsrichtungen, die auch vom limbischen System angestrebt werden:

- Vermeidung unlusterregender Erlebnisse (Weg-von, Schmerzvermeidung), d. h. die Vermeidung von Angstzuständen und bestrafenden Zuständen
- Wiederholung lustvoller Erlebnisse (Hin-zu, Belohnungsfunktion)

Folglich werden wir in unserem dynamischen Alltagsleben nicht nach festen Entscheidungsregeln entscheiden, sondern uns der Entscheidungssituation anpassen. Schon Darwin sagte: „Es ist weder der Schnellste noch der Intelligenteste, der überlebt, sondern der Anpassungsfähigste; anpassungsfähig hinsichtlich der Kultur in einer Gesellschaft und an die Umgebung (z. B. die ökologische Nische)." Es ist also sinnvoll, verschiedene Entscheidungsmodule zu haben, die sich den wechselnden Belohnungs- und Bestrafungskontingenzen anpassen können.

Beispiel

Im B2B-Bereich möchte der IT-Leiter einerseits zum Beispiel den Ausfall seiner EDV vermeiden und dem möglichen Schmerz durch Ärger von den Anwendern und der Geschäftsleitung aus dem Weg gehen. Andererseits strebt er ein positives Image als innovativer ITler an, um den Vertrieb mit einem optimalen CRM-System zu unterstützen, das neue Umsatzpotenziale erschließen kann.

Folgende Merkmale können in der Entscheidungsfindung unterschieden werden:
1. Belohnungs- oder Bestrafungswert bei Auswahloptionen und Speicherung der Erkenntnis
2. Verarbeitung von zukünftigen Belohnungs- und Schmerzwerten
3. Vergleich und Auswahl zwischen den Alternativen anhand der eigenen Bewertung (unbewusst und bewusst)

4.4 Vertrauen, Rationalität und Irrationalität

Vertrauen in der Ökonomie hat sich ebenfalls entwickelt. Im Modell der Neoklassik (ca. 1870–1950) in der Volkswirtschaftslehre wird mithilfe der Marginalanalyse das wirtschaftliche Geschehen auf individuelle Optimierungsentscheidungen zurückgeführt. Dabei maximieren Unternehmen ihren Profit und Konsumenten/Haushalte maximieren ihren Nutzen, woraus sich die Faktorangebotskurven und Konsumgüternachfragekurven ergeben. Der definierte Homo oeconomicus braucht wenig Vertrauen, denn alle Partner sind gleiche und ebenbürtige Optimierungsmaschinen. Beide Parteien trauen im Tausch oder Verhandlungsprozess dem anderen und sind – theoretisch – über alle Wahloptionen vollständig informiert. Das setzt unlimitierte Kapazitäten voraus, um die Wahlentscheidungen zu kalkulieren. Heute würde man nach bewussten und unbewussten Kapazitäten entscheiden.

Interessant ist das Handeln unter Unsicherheit. Im Modell der Neoklassik maximieren die Verhandlungspartner nicht ihren Nutzen, sondern dessen Erwartungswert. Der Homo oeconomicus macht im mathematischen Sinne keine logischen Fehler und handelt innerlich konsistent. Nach dem heutigen Stand der Neuroökonomie ist dieses Modell nicht mehr zeitgemäß.

Ein weiteres Modell (seit 1950) geht von einer begrenzten Rationalität aus. **Begrenzte Rationalität** bzw. eingeschränkte Rationalität (bounded rationality) beschreibt ein Verhalten, das einerseits durch unlimitierte Rationalität sowie eine Optimierung unter Nebenbedingungen und andererseits durch Irrationalität abgegrenzt wird. Wenn sich Entscheidungsträger rational unter Abwägung aller Informationen verhalten wollen, jedoch ihrer Rationalität durch Informationsbeschaffungskosten, Unsicherheit und Ungewissheit Grenzen gesetzt sind, liegt Optimierung unter Nebenbedingungen, also rationales Verhalten, vor.

Als irrationales Verhalten bezeichnet man zum Beispiel eine Entscheidung, wenn eine Person, ohne darüber nachzudenken und ohne jede vernünftige Entscheidungsgrundlage zu kennen und zu bewerten, dennoch mit Sicherheit das Optimum zu kennen meint. In einer Entscheidungssituation zwischen Kunde und Anbieter meint beispielsweise der Kunde, dass er eine Präferenz für ein Produkt A gegenüber einem Produkt B hat und eine

Präferenz für Produkt B gegenüber Produkt C, aber dennoch eine Präferenz von Produkt C gegenüber Produkt A. Spätestens in dieser Entscheidungszwickmühle fällt es uns bewusst schwer, die Situation der Präferenzen zu bewerten: Das Unbewusste hilft, denn es bezieht die bisherigen Eindrücke, Erfahrungen, Erwartungshaltungen und Informationsverarbeitungen (Reize) in das Ergebnis mit ein.

Eingeschränkt rationales Verhalten entsteht, weil die Teilnehmer am Wirtschaftsleben kognitiven Beschränkungen ausgesetzt sind. Selbst wenn sie ihren Nutzen optimieren möchten, können sie es nicht. Stattdessen wägen sie zwischen den Kosten für die Entscheidungsfindung und dem daraus vermutlich resultierenden Nutzen ab. Dementsprechend kann nicht mehr von reiner Nutzenmaximierung ausgegangen werden. Vielmehr ist der Nutzen eine Nebenbedingung, die zu einem gewissen Grad erreicht werden muss. Beispiele hierfür sind die Vorgabe von Regeln für Einkaufsorganisationen, denen Einkäufer Folge leisten müssen, oder die Einkaufsziele auf Bereichs- und individueller Ebene.

Professor Herbert Simon (1959) bezeichnet ein Verhalten als beschränkt rational, wenn man die Suche nach Alternativen dann stoppt, wenn man eine gefunden hat, mit der man zufrieden ist (Satisficing), ungeachtet dessen, dass es noch eine bessere geben könnte. Da die Suche nach einem Optimum vorzeitig gestoppt wird, ist die beschränkte Rationalität von der Optimierung zu unterscheiden. In solch einer Situation befinden sich insbesondere Käufer in Unternehmen, wenn die Anzahl der Entscheidungskriterien kaum noch zu verarbeiten und separat zu bewerten ist. Außerdem spielt noch der interne Abstimmungsprozess unter den Entscheidungsbeteiligten im Prozess der Entscheidungsfindung eine wesentliche Rolle.

Gerade bei Unsicherheit aufgrund fehlender Information, wenn auch nur subjektiv so empfunden, prägen zunehmend Emotionen und gewohnheitsmäßige Verhaltensmuster das Handeln der Personen. In einer Unsicherheitssituation entscheiden die Personen eher durch Wiedererkennung symbolisch repräsentierter Muster. Die Wiedererkennungsheuristik ist ein Modell der Urteils- und Entscheidungsfindung bei Mangel an Informationen. Wenn ein Objekt bekannt ist und ein anderes nicht, und wenn die Bekanntheit mit dem gesuchten Kriterium positiv korreliert, dann hat das bekannte Objekt einen höheren Wert hinsichtlich des Kriteriums.

> **Beispiel**
>
> Welche Uhr ist teurer? Eine Rolex oder eine Sinn? In der Regel kennt man Rolex und Sinn nicht. Die Bekanntheit der Marke Rolex mit ihrem Premiumpreis korreliert positiv, sodass man die Wiedererkennungsheuristik anwenden kann.

Im Modell der eingeschränkten Rationalität hat die Person also keinen kompletten Überblick mehr über das „große Ganze" im Vergleich zum Homo oeconomicus aus der Neoklassik. Diese kognitiven Beschränkungen prägen seine Entscheidungsmuster, und die Person trifft zunächst Teilentscheidungen, um die „Kosten" für den Suchaufwand, die Transaktionskosten während eines Geschäfts, zu begrenzen. Heutzutage liegt eine Gefahr in einer Verhandlung oder der Beziehungsgestaltung zweier Personen bzw. Geschäftspartner darin, dass sich die andere Person opportunistisch verhält.

Auf einer strategischen Ebene bedeuten die Erkenntnisse der Gehirnforschung, dass Emotionen von zentraler und nicht peripherer Bedeutung für das Verhalten im Markt und in der Arbeitswelt sind. Unternehmen, die imstande sind, die Voraussetzungen für die Erreichung emotionaler Akzeptanz bei Kunden und Mitarbeitern zu identifizieren und entsprechend zu handeln, werden im Emotionszeitalter einen erheblichen Wettbewerbsvorteil ausbauen können.

In Verdrängungsmärkten, in denen die Differenzierung immer wichtiger wird, erschließt der Einsatz von Emotionen eine neue Dimension von Informationen, die einerseits die Nutzung emotionaler Intelligenz (EQ) erlaubt und andererseits eine interaktive Dynamik im Unternehmenssystem freisetzt, die auf kostenneutrale Art und Weise zu einer Optimierung in der Produktivität führt. Die Vernetzung der Psychologie, Ökonomie und Biologie zeigt uns auf, dass wir mehr mit dem Herzen als mit dem Kopf denken sollten. Die verstärkte Nachfrage nach „Intuitionstrainings" bestätigt diese Schlussfolgerung.

In der Psychologie betrachtet man zunehmend, wie die Entstehung neuer Neuronen im Laufe unseres Lebens und die Existenz von empathisch ausgerichteten Spiegelneuronen die Anpassungsfähigkeit des Menschen im Bereich der Wirtschaft beeinflussen. Einem Wirtschaftsgut wird auf einem emotionalen Weg Wert zugemessen, und das ist ein neues Denken für die Wirtschaft, die vor der Verhaltensökonomik vom Homo oeconomicus als Menschenbild ausgegangen ist. Im Vertrieb kann das Übersehen von Emotionen insbesondere in der Preiswahrnehmung und Präsentation fatale Folgen für den Verkaufsabschluss haben. Wie Einkäufer auf Preise reagieren, wird wesentlich von ihren Emotionen beeinflusst. Ein unverwechselbares emotionales Mehrwertangebot zu unterbreiten, ist der Schlüssel zum Vertriebserfolg. Der Einkaufsdirektor eines DAX-Handelskonzerns beantwortete folgende Frage: „Wenn Sie drei Lieferanten für Gurkengläser auf den gleichen Zieleinkaufspreis gebracht haben, wie entscheiden Sie dann?" mit den Worten „welche Nase mir am besten passt!"

4.4.1 Facial Coding

Ein weiteres Forschungsinstrument ist das „Facial Coding", um auf wissenschaftliche Weise emotionale Reaktionen zu bewerten. Facial Coding ist ein weltweit verbreitetes Kodierungsverfahren zur Beschreibung von Gesichtsausdrücken und wurde bereits 1975 von Paul Ekman entwickelt. Es ist eine Technik zur Mimik- bzw. Emotionserkennung, bei der Einzelelemente bzw. Bewegungseinheiten einer sichtbaren Bewegung der mimischen Muskulatur zugeordnet werden. Im traditionellen Ansatz hat man untersucht, was die Menschen sagen, um die rationalen und bewussten Reaktionen zu ermitteln. Im Facial-Coding-Ansatz untersucht man, was die Menschen empfinden, um die emotionalen, unbewussten und nonverbalen Reaktion zu verstehen. „Hierdurch könnten Unternehmen durch die Korrelation des Gesichtsausdrucks und der relevanten Emotionen herausfinden, wie Menschen auf der ‚Bauchebene' reagieren und dadurch ihre Erfolgschancen verbessern", so Dan Hill in seinem Buch *Emotionomics* (2009). Mit Hilfe von Facial Coding erschließt sich neben dem CIA und dem FBI auch die Marktforschung der emotionalen Entschlüsselung, die im Bestseller von Malcolm Gladwells *Blink! Die Macht des Moments* (2005) bereits vorgestellt wurde.

Mögliche Einsatzbereiche von Facial Coding sind: Marktforschungszwecke im Bereich der Fernseh-, Anzeigen-, Litfass- und Direktwerbung, Produkt- und Verpackungsgestaltung, Websites, Kundenzufriedenheit und Strategie, Segmentierung, Preispolitik, Verkaufsschulung, Verhandlungstraining, Markenbildung und Change-Management.

4.4.2 Die Rolle von Vertrauen in der Vertragsphase

Vertrauen ist wichtig. Das Problem, in einer Misstrauenssituation ausgenutzt zu werden, ist, dass sich die Vertragspersonen möglicherweise nicht einigen können und damit die Transaktion nicht zustande kommt, weil die Vertragspartner nicht wissen, wie sich der andere wohl verhalten wird, und aus Angst heraus, ausgebeutet zu werden, auf die Transaktion verzichten. Vertrauen dient nun als Überbrückungsfunktion und unterstützt den Vertragsabschluss.

Diese Überbrückungsfunktion ist erforderlich, weil im Modell der beschränkt rational handelnden Personen keine Verträge geschlossen werden können, die eine Vertragsbeziehung umfassend und vollständig regeln. Wir verwenden hier den Begriff der impliziten und expliziten Regelung in der Verhandlungs- und Vertragsabschlussphase.

Explizite Verträge sind immer lückenhaft, auch wenn sie durch Rechtsabteilungen oft wochenlang geprüft und hin- und hergesendet werden. Sie können das Risiko eines Geschäftspartners niemals vollständig reduzieren und geben scheinbare Sicherheit mit geregelten Vertragsstrafen usw.

Jede Vertragsbeziehung hat auch einen impliziten Vertragsbestandteil, der weder auf Papier geregelt ist noch eingeklagt werden kann. Es handelt sich um mündliche Absprachen, Zusagen, Versprechen und guten Willen. In manchen Regionen zählt heute noch der Vertragsabschluss unter Kaufleuten per Handschlag. In größeren Konzernen findet dies auch statt. Man reicht sich die Hand, die eine Partei beginnt zu arbeiten. Und während die Vertragsabteilung des Lieferanten beginnt, Druck auf den Verkauf und die Vertragsunterzeichnung auszuüben, meldet sich der Key-Account-Manager beim Kunden und fragt nach der vereinbarten Abschlagszahlung, die dann häufig angewiesen wird.

Uns sind hier mehrere Fälle bekannt, in denen ein Vertragsvolumen in Millionenhöhe per Handschlag zwischen der Geschäftsleitung und Prokuristen des Anbieters geschlossen wurde. Vertrauen ist ein wichtiger Bestandteil für eine partnerschaftliche Beziehung, und Menschen haben sehr sensible innere Antennen, ob die andere Person glaubwürdig und vertrauensvoll ist. Insbesondere die Körpersprache verrät hier den unseriösen Vertragspartner. Selbstverständlich kommt es auch vor, dass man den Handschlag ausnutzt und eine Partei hinterher die erbrachten Leistungen einklagen muss. Ein Zeichen dafür, dass

4.4 Vertrauen, Rationalität und Irrationalität

man den Kunden und unser Gegenüber nicht ausreichend kennt. In südländischen Ländern ist es nach wie vor wichtig, gemeinsam beim Essen den anderen kennenzulernen und einschätzen zu können, ob er für ein Geschäft vertrauenswürdig ist. In der westlichen Welt wird das persönliche Kennenlernen gerne auf einen Termin mit der Fachabteilung und einen Termin mit der Einkaufsorganisation reduziert.

Vertrauenswürdig meint im Hinblick auf das Produkt- und Leistungsversprechen die Einhaltung von Terminen und Glaubwürdigkeit für das gesprochene Wort. Dabei schenkt der Vertrauensgeber seinem Vertragspartner Vertrauen in der Hoffnung, dass dieser seine Spielräume nicht zum Schaden des Vertrauensgebers ausnutzt. Verhält sich der Vertrauensnehmer nicht opportunistisch, wird er häufig als vertrauenswürdig bezeichnet. Vertrauen spielt im Verkaufsprozess eine wichtige Rolle. In der Anbahnungsphase, der Präsentation und in der Verhandlung macht Vertrauen mindestens 40 % des Verkaufserfolgs im Verkaufsprozess aus. Vertrauen bezieht sich hierbei auf die Marke des Anbieters, den Verkäufer, die angebotenen Produkte/Lösungen/Dienstleistungen und die Erwartungshaltung hinsichtlich der Abwicklung und der After-Sales-Betreuung.

Ökonomisch betrachtet kann Vertrauen auch sinnvoll sein, wenn durch Vertrauen Geschäfte realisiert werden können, die durch hohe emotionale und wirtschaftliche Transaktionskosten nicht zustande kämen. Das von James Coleman entwickelte Standardmodell zur Modellierung der Vertrauensentscheidung überprüft im Umfeld der neuroökonomischen Forschung die Entscheidungssituation des Vertrauensgebers. Das Modell orientiert sich dabei an der Nutzenmaximierung bei Unsicherheit, demzufolge sich eine rational handelnde Person dann für eine Kooperation entscheidet, wenn der subjektive zu erwartende Gewinn größer ist als der subjektiv erwartete Verlust. Mathematisch wird hier die Eintrittswahrscheinlichkeit hinzugezogen, um eine Erwartungsfunktion des Nutzens zu ermitteln.

Praktisch werden diese Modelle selten in der Kaufentscheidung angewendet. Sie sind unserer Meinung nach ein Erklärungsmodell, um etwas nicht Greifbares begreifbar zu machen. Auch Excel-Tabellen sind letztendlich Zahlenfriedhöfe, die versuchen, die Sicherheit zu erhöhen, indem man emotionale Komponenten rational sichtbar machen möchte. Sie sollen somit einem rationalen Vergleich mehrerer Auswahlmöglichkeiten dienen.

Beispiel

Eines Hochstapler verspricht der anderen Person einen sehr hohen Gewinn gemessen am möglichen Verlust und er stellt diesen Zugewinn optimal in der Nutzenargumentation dar – sowohl emotional als auch rational für die faktenorientierten Personen. Die Wahrscheinlichkeit eines „Kooperationsgewinns" erscheint dem Vertrauensnehmer (Hochstapler) hoch. Ist der Hochstapler nun ein guter Freund einer Person, wird der Vertrauensgeber dem Freund einen realistischen geringeren Gewinn in Aussicht stellen. Der Wert des potenziellen Gewinns sinkt und die Eintrittswahrscheinlichkeit muss bei einem Freund viel höher sein. Das erklärt die paradoxe Situation, dass man einem Hochstapler eher Vertrauen schenkt als einem guten Freund. Die Eintrittswahrscheinlichkeit wird die am wenigsten bekannte Größe sein, vielmehr ist ein emotionales Gefühl im Gespräch, welches das gegebene Vertrauen rechtfertigt.

Damit wäre Vertrauen eine Art „riskante Vorleistung" (Vertrauensvorschuss) des Vertrauensgebers. Wesentlich im Verkauf ist folglich die Risikoneigung der Person (Kunde). Und wie wir im Kap. 4 über das limbische System sehen werden, ist die Risikoneigung eines jeden Menschen sehr unterschiedlich. Demnach stellt sich die Frage für den Verkauf im B2B-Umfeld mit einem Buying-Center, welcher Entscheider bereit ist, ein hohes Risiko einzugehen, und welche Machtstellung er innerhalb der Entscheidergruppe hat. Emotionen entwickeln sich in diesem Modell ausschließlich als Folge des abwägenden (kognitiven) Prozesses der Vertrauensentscheidung.

Die Modellierung der Entscheidung des Vertrauensnehmers (zum Beispiel Anbieter) hängt wesentlich von der Nutzenfunktion ab, welche durch die darunterliegenden Präferenzen, der intrinsischen Motivation und den Außenreizen bestimmt wird.

In der Kundenbeziehung bedeutet dies, dass der Dank des Vertrauensgebers umso größer sein wird, je größer der Aufwand des Vertrauensnehmers ist. Ein weiterer wichtiger Aspekt ist das reziproke Verhalten (was Du gibst, bekommst Du zurück). Sind in der Vertrauensphase die Kosten des Anbieters gering (es fällt ihm nicht schwer, ein Zugeständnis zu machen) und der Nutzen des Kunden (Vertrauensgeber) hoch, ziehen beide einen Nutzen aus der Kooperation – vorausgesetzt, der Kunde verhält sich reziprok. Denn nur dann wird der Kunde gute Chancen haben, dass sein Vertrauen durch die Leistung des Anbieters honoriert wird. Das Prinzip der Reziprozität bedeutet Gegenseitigkeit. Durch Gegenseitigkeit entstehen Beziehungen und gegenseitiges Vertrauen. In der Psychologie besagt die Reziprozitätsregel, dass Menschen, die etwas erhalten, motiviert sind, hierfür auch eine Gegenleistung zu erbringen.

> Zusammenfassend lässt sich also festhalten:
> - Die Vertrauensentscheidung wird wesentlich von der subjektiven Risikoneigung der beteiligten Person beeinflusst.
> - Die Erwiderung von Vertrauen ist eine nicht egoistische Handlung, die durch die Kosten für den Vertrauensnehmer, die Stärke seiner intrinsischen Motivation, externe Anreize sowie die Erwartung auf reziprokes Verhalten durch den Vertrauensgeber bestimmt wird. Man kann sie als altruistisch bezeichnen. Reziprozität ist ein Mittel, Ausnutzung zu unterbinden.
> - Die Vertrauensentscheidung ist ein kognitiver Prozess des Abwägens von Erwartungsnutzen und Risiko. Emotionen beeinflussen erst in Folge dieses Prozesses die Vertrauensentscheidung. Die Vergabe von Vertrauen ist das Ergebnis des Entscheidungsfindungsprozesses Vertrauen vs. Nichtvertrauen im Gehirn.

Die **Bewertung von Handlungsalternativen**, das Planen von Handlungsketten, das rationale Fällen von Entscheidungen und die Impulsgebung für Handlungen finden im präfrontalen Cortex (PFC) als Teil des Stirnlappens statt. Der PFC liegt auf der Vorderseite des Gehirns (Frontallappen), umfasst beide Hemisphären und ermöglicht einer Person im Gegensatz zu Tieren, sich selbst zu motivieren, Handlungen einzuleiten, obwohl sie die Belohnung erst in Zukunft erhalten wird. Der PFC spielt die wesentliche Rolle bei Entscheidungen unter Unsicherheit, die Belohnung oder Bestrafungen nach sich ziehen können, wie wir sie im Glücksspiel, bei Finanzanlagen, Wettbewerben, materiellen Investitionen oder dem Abschluss von Dienstleistungsverträgen wiederfinden. Menschen gehen hierbei nicht rational vor, sondern werten zukünftige Belohnungen übermäßig stark ab, die häufig nicht in ihrem eigenen Interesse liegen (vgl. Stuphon 2005).

Die Neuroökonomie wird somit unsere Sichtweise von Entscheiden und Wählen durch empirische Belege verändern. Für die Beteiligten in der Wirtschaftswelt bedeutet dies den Abschied vom Homo oeconomicus, dem rationalen Entscheider.

Die **Bewertung und der Umgang mit Emotionen** in der Wirtschaftswelt ist ein neues strategisches Spielfeld, auf dem Unternehmensführer Wettbewerbsvorteile ausbauen können, um sich in der Champions League zu positionieren. Denn Maßnahmen zur Kostensenkung, insbesondere in schwierigen wirtschaftlichen Zeiten, sind nur limitiert nutzbar. Man kann sich auch zu Tode rationalisieren. Technologische Wettbewerbsvorteile werden gleichzeitig von den Marktteilnehmern vollzogen und bieten daher weniger Differenzierungsmöglichkeiten.

Es ist einfach ein Muss, auf dem neuesten Stand der Technik (beispielsweise CRM, Mobile Computing und IP-basierte Technologie) und der Kommunikation zu sein (beispielsweise Social Media und Employer Branding). In vielen Unternehmen herrscht heute noch die Meinung, dass Gefühle störend sind und im Tagesgeschäft eher hinderlich als förderlich erscheinen. Wer möchte nicht den Anschein erwecken, dass er sich stärker von der Logik leiten lässt, als es in der Realität wirklich der Fall ist?

4.4.3 Gefühle, Körpersprache und Mimik

Das Bemühen, einen bestimmten Eindruck zu hinterlassen, eine bestimmte Maske aufzusetzen, erzeugt einen Unterschied zwischen dem, was wir fühlen und dem, was wir sagen – ebenso wie der Unterschied zwischen Wort und Tat. Dieses dauerhafte Vorspielen ist dauerhaft anstrengend für uns und nicht authentisch. Das spüren Kunden sehr schnell – weniger rational als durch die sensiblen Antennen und den Gesichtsausdruck des Schauspielers.

Auf der rationalen Ebene seine Gefühle nachzuspüren, kann man mit dem Versuch gleichsetzen, im Mittelwellenband eines Radios einen bestimmten UKW-Sender ausfindig machen zu wollen. Die emotionalen Reaktionen oder Antworten des Gesprächspartners werden nicht direkt gegeben, weil unser Unterbewusstsein die Reaktion schnell steuert, wir es aber nicht so schnell verbal äußern können. Darwin bemerkte bereits, dass wir viel mehr non-verbal kommunizieren.

Die Körpersprache kann uns zweifelfrei dabei helfen, die Gefühle der Menschen in unserer Umgebung (zum Beispiel am Point of Sale) zu erkennen. Aber nur der Gesichtsausdruck liefert uns die wichtigen präzisen Informationen, die erforderlich sind, um festzustellen, was hinter der Maske wirklich vorgeht. Darwin formulierte es so: „Gefühlsregungen zeigen sich in erster Linie im Gesicht, nicht am Körper. Der Körper zeigt vielmehr, wie Menschen mit ihren Gefühlen umgehen. Es gibt keine Muster bestimmter Körperbewegungen, die immer Angst und Unsicherheit signalisieren, wohl aber bestimmte Muster des Gesichtsausdrucks für jede Gefühlsregung."

Im Weiterbildungsbereich gibt es zwar ein ausreichendes Angebot für die Körpersprache, aber kaum Trainings, um Gesichtsausdrücke zu lesen. Hier hilft Facial Coding und die Auseinandersetzung mit Pantomime. Mitarbeiter aus dem Vertrieb, dem Marketing, der Strategieplanung und Marktforschung müssen erkennen, wie Verbraucher und Mitarbeiter empfinden, und sich darauf einstellen, dass unsere Reaktionen sehr häufig in einer stummen Sprache zum Ausdruck gebracht werden, die es zu lesen gilt.

Menschen haben die Gewohnheit, Gefühle durch ihren Gesichtsausdruck zu zeigen. Diese Eigenschaft ist sehr alt und dennoch sehr allgegenwärtig. Nur wenn man die rationalen und die emotionalen Reaktionen der Menschen zusammenführt, kann man eine Vermutung über das vorhersehbare Verhalten in der Zukunft erhalten. In Verkaufsgesprächen und Präsentationen wie auch bei internen Meetings mit mehreren Personen zeigt sich die Neigung der Teilnehmer, sich anzupassen. In der Regel dominiert eine Alpha-Person die Diskussion. Beteiligte geben häufig Antworten, die sie besonders schlau erscheinen lassen. Rationale, defensive Antworten sind eine feine Sache – aber nicht, wenn die verbalen Reaktionen mit den Empfindungen des Sprechers und den Motiven nicht übereinstimmen und sich der Mensch somit im Berufsalltag dauerhaft verstellen muss.

Unser Verhalten ist wesentlich aussagekräftiger als unsere Worte. Es hat auch einen Einfluss auf die Möglichkeit, Gefühle einzusetzen, um die Effizienz im Kundengespräch und die des eigenen Unternehmens zu steigern und somit die Erfolgschancen zu erhöhen.

> Fassen wir noch einmal das Wichtigste zusammen:
> 1. Gefühle beeinflussen das Denken stärker als das Denken die Gefühle.
> 2. Nur wer Emotionen wahrnimmt und gezielt anspricht, kann sich im Wettbewerb differenzieren und wirklich erfolgreich werden.

5 Verkaufsstile Beratungs- und Beziehungsverkauf

Verkaufen ist genauso wenig gleich Verkaufen, wie Ballspiel nicht gleich Ballspiel ist. Tennis, Golf, Fußball, Basketball usw. werden auf unterschiedlichen Spielfeldern, mit unterschiedlichen Hilfsmitteln, nach unterschiedlichen Regeln gespielt und erfordern eine mehr oder weniger intensive Ausbildung und kontinuierliches Training. Was jedoch jedem Sportfan einleuchtet, scheint in Sachen Verkauf weit weniger selbstverständlich. So wird die Erwartung des Kunden vom Verkäufer oft nicht erfüllt. Wo das Gegenüber eine intensive Beratung wünscht, baut der Verkäufer auf den Preis. Oder er erläutert sehr ausführlich die Rundumbetreuung, obwohl den potenziellen Käufer ausschließlich die Kosten interessieren.

Nach Peter Grimm (2001) unterscheiden wir vier **MarktSpiele®**:
- Bedarfsorientierung → Produktstrategien „Wir setzen auf Angebot und Konditionen"
- Beziehungsorientierung → Kontaktstrategien „Wir setzen auf Top-Betreuung"
- Beratungsorientierung → Konzeptstrategien „Wir setzen auf beste Lösungen"
- Jagdorientierung → Konsequenzstrategien „Wir setzen auf Ziele und Potenziale"

Jedes MarktSpiel® hat differenzierte Merkmale: Botschaft, Kundenverhalten, Verkäuferverhalten, Marketingschwerpunkte, Präsentationsstrategie, das Image des Angebots und des Anbieters, Attraktoren, Kundengewinnung, Kundenbindung usw.

Dies zu erfassen und **in Marketingbotschaften umzusetzen,** ist nicht nur Aufgabe von Marketing und Vertrieb allein, sondern muss **vom gesamten Unternehmen von oben nach unten gelebt werden.**

Um das zu verdeutlichen, vergleichen wir in Tab. 5.1 die Aufgaben Jagen und Verkaufen. Ein Jäger (Verkäufer) hat jagen gelernt (Verkaufsausbildung), er erhält ein Revier (Verkaufsgebiet) zugeteilt, dazu eine neue Waffe (Produkte) und das Ziel „Beute zu machen" (Absatz, Umsatz, Neukunden …).

Trotz höchster Qualifikation und größtem Fleiß wird der Jäger kaum Beute machen, wenn im Revier kein Wild steht (keine Nachfrage), die Waffe Fehler hat (Produktqualität, zu teuer ist), das Pulver nass ist (keine überzeugenden Nutzenargumente), die Munition ein falsches Kaliber hat (Kundenanforderungen werden nicht erfüllt) oder ein anderer

Tab. 5.1 Jagen und Verkaufen sind vergleichbar

Merkmale	Jagen	Verkaufen
Revier:	Jagdgebiet …	Verkaufsgebiet, Branche …
Zielbeute:	Hasen, Rehe, Großwild …	Unternehmen, Personen …
Strecke/Ziel:	Anzahl erlegter …	Absatz, Umsatz, Neukunden …
Köder:	Futter …	Kaufanreize, attraktive Angebote..
Waffe:	Gewehr …	Produkte, Dienstleistungen …
Munition:	Schrot, Kugel, Kaliber	Vorteile, Nutzen, Alleinstellung …
Jagdgesetze:	Schonzeit …	Saison, Geschäftsbedingungen ..
Jagdinstinkt:	gewusst wo und wann …	Markt- und Kundenanalyse …
Fähigkeiten:	Schießen, Spuren lesen…	Verkaufskompetenzen …
Verhalten:	leise, zielorientiert …	freundlich, engagiert, „fehlerfrei" …
Unterstützung:	Jagdhund, Fahrzeug …	Marketing, CRM-System …

Mensch durch Lärm (Fehler und Fehlverhalten) das Wild verscheucht oder das Wild wegen besserer Futterplätze in ein anderes Revier (attraktivere Angebote von Mitbewerbern) gelockt wird.

Die Praxis zeigt, dass die meisten Unternehmen zu wenig Jagdorientierung haben. Die Vertriebsmitarbeiter erhalten zwar „knackige" Ziele, werden häufig jedoch bei der Umsetzung alleine gelassen. Selbst bei Trainingsmaßnahmen wird gespart. Dabei geht jeder Profisportler fast jeden Tag mit einem Trainer auf den Trainingsplatz, um seine Technik, Schnelligkeit und Ausdauer etc. zu verbessern. Warum geht dann der Verkäufer nicht wenigstens jährlich für zwei bis drei Tage ins Verkaufstraining, um seine Handlungskompetenz auszubauen?

Verkaufsleiter, die behaupten, die Verkäufer hätten dafür keine Zeit, weil sie bei den hohen Vorgaben jede Minute für den Verkauf benötigten, verhalten sich genauso wie der allseits bekannte Baumfäller, der keine Zeit für das Schärfen seiner stumpfen Axt hat, aus diesem Grund immer mehr Kraft bei seiner Arbeit einsetzen muss und trotzdem immer weniger Erfolg hat.

Auf den nächsten Seiten beschäftigen wir uns vor dem Hintergrund des B2B-Geschäftes etwas ausführlicher mit dem beratungsorientierten und dem beziehungsorientierten Verkaufsansatz.

5.1 Der beratungsorientierte Verkaufsansatz (Consultative Value Selling)

Um den erwähnten Anforderungen der Kunden im B2B-Bereich gerecht zu werden, wird ein Verkaufsansatz benötigt, der insbesondere den messbaren Nachweis der betriebswirtschaftlichen Wirkung einer angebotenen Leistung belegt, damit der Kunde seine wirtschaftlichen Ziele erreichen kann. Nachdem der Kunde in der Problemanalyse seinen Bedarf entdeckt und bestmöglich definiert hat, fordert er Angebote vom Markt an. Mit dem Beratungsansatz wird dem Kunden der Engpass bewusster und er erhält Informationen (Beratung), wie er die Schwachstellen in der Wertschöpfungskette abstellen oder Wachstumschancen besser nutzen kann. Die Lösung wird gemeinsam entwickelt und erhöht somit die Auftragswahrscheinlichkeit (siehe auch Solution Selling).

5.1.1 Was erwarten Kunden?

Im B2B-Geschäft stellt sich der Kunde die Frage, welchen Einfluss die Lösung des Anbieters auf seinen Wertschöpfungsprozess hat: „Was haben wir von der angebotenen Lösung hinsichtlich unserer Wertschöpfung und hinsichtlich unserer Kunden (Wettbewerbsvorteil)?"

Das bedeutet für den Vertrieb im B2B-Kunden-Umfeld Folgendes: Er muss Mehrwert schaffen, der über den reinen Produktverkauf hinausgeht. Dies kann zum Beispiel durch Beratungsdienstleistungen oder gemeinsame Entwicklungsprojekte geschehen. Das Produkt ist Mittel zum Zweck – ein Befähiger/Enabler.

Im Mittelpunkt stehen die Kundenbeziehung und das Verständnis über den Markt (Trends), die Herausforderungen für das Kundenunternehmen und das Wissen um die Bedürfnisse der Kunden des Kunden. Optimalerweise spricht der Verkäufer oder Kundenberater im Beratungsverkauf ein Problem des Kunden an und zeigt nutzbringende Lösungsmöglichkeiten auf, über die der Kunde vor dem Gespräch noch nicht nachgedacht hat (siehe auch Abschn. 7.7).

Selbstverständlich muss die Grundfähigkeit, Kontakte auszubauen und Termine zu akquirieren, kontinuierlich verbessert werden. Denn es wird in einem Käufermarkt noch schwieriger werden, Entscheider zu erreichen und diese für einen Termin zu gewinnen.

Die besten Verkäufer beziehen Kunden wesentlich intensiver in die Argumentation ein und bringen den potenziellen Kunden durch ihre Auswirkungsfragen dazu, sich selbst den Nutzen der Zusammenarbeit zu erarbeiten und zu verdeutlichen, anstatt sie mit allen rhetorischen Tricks überzeugen zu wollen.

Menschen kaufen und entscheiden für sich. Der Verkäufer kann es dem Kunden nur so einfach wie möglich machen, dass dieser mit ihm in Kontakt tritt und in der Kaufentscheidungsphase bestmöglich durch den Verkäufer (aktiv) begleitet wird. Somit ist auch die Gefahr von unerwarteten Einwänden, Zweifeln und Widerständen deutlich reduzierbar und die Basis für eine gefühlte Win-Win-Situation gelegt.

Was bedeutet es, die Idee eines Produktes zu verkaufen? Kunden kaufen weder den Urlaub nach Florida noch die Getriebeteile für ihre Automobilfertigung. Sie kaufen die erwartete Entspannung, den Anblick von weißem Sandstrand, ein angenehmes Klima bzw. die hohe Qualität eines Hybrid-Getriebes, das die Rückrufquote und die damit verbundenen Nachbesserungskosten reduziert.

5.1.2 Kundenprobleme

Die wesentlichen Problemfelder beim Kunden lassen sich in folgende Kategorien fassen – diese bestimmen den Entscheidungsprozess und das Ziel:

- Verbesserung der Wertschöpfung (Effektivität und Effizienz)
- Wachstum (Umsatz, Marktanteil, Internationalisierung)
- Gewinnmaximierung/Kostenoptimierung
- Margendruck
- Herausforderungen durch externe Umweltfaktoren, Marktanforderungen und Trends
- Produktionsprozessoptimierung (Kaizen-Ansatz, Six-Sigma-Vorgaben, Qualitätsmanagement)
- Kundenservice/Kundenrückgewinnung/Kundenbindung (der profitablen Kunden)
- Strategieumsetzung/Change Management

5.1.3 Die Leistung

Kunden bzw. individuelle Entscheider auf Kundenseite nehmen als Folge des beratungsorientierten Vorgehens das gesamte Leistungspaket wahr und reduzieren Produkte nicht auf ihre Leistungsmerkmale. Deshalb soll das gesamte Leistungsangebot auf den spezifischen Kunden zugeschnitten sein, damit der emotionale und wirtschaftliche Nutzen größtmöglich wird. Das ist bei Standardprodukten und allgemeinen Vorteilsargumenten nicht gewährleistet.

Wir unterscheiden hierbei zwei Arten von Leistungsfaktoren
1. *Generelle Leistungsfaktoren*, die als selbstverständlich vorausgesetzt werden, zum Beispiel Telefonendgeräte, Büromöbel, Messgeräte sowie die Betreuung durch den Innen- und Außendienst, Angebotsqualität, Auftragsabwicklung, Installation und Service.

2. *Spezifische Mehrwertfaktoren*, die nicht vom Kunden ausdrücklich angefordert wurden und deshalb keinen spezifischen Erwartungen gegenüberstehen. Diese Mehrwertfaktoren können dem Kunden entweder einen „nice to have"-Mehrwert oder einen realen Beitrag zur Wertschöpfung bieten und ihm damit einen besseren Geschäftserfolg versprechen. Man nennt den spezifischen Mehrwert auch den Zusatznutzen (Value Added).

5.1.4 Vorteile und Nutzen einer strategischen Partnerschaft

Insbesondere im B2B-Bereich, in der Zusammenarbeit mit Schlüsselkunden, bietet eine Partnerschaft für den *Anbieter* folgenden Nutzen:

1. Konsequente Ertrags- und Umsatzsteigerung – auch durch die Bereitschaft zu höheren Preisen, wenn die Abhängigkeit groß genug ist.
2. Die Wechslerquote wird minimiert, Kundenloyalität erhöht.
3. Wettbewerber haben es deutlich schwerer, wenn Anbieter ihre Kunden „abschirmen" können.
4. Optimale Nutzung von Cross-Selling- und Up-Selling-Potenzialen.
5. Höhere Weiterempfehlungsquote durch den Kunden und konkrete Fallstudien für das eigene Referenzmarketing.

Vorteile und Nutzen einer strategischen Partnerschaft für *Kunden*:

1. Verbesserter Service und Zusatzangebot von Beratungsleistung und finanzielle Beteiligung in der F & E-Phase.
2. Mögliche Outsourcing-Kooperation führt zu erhöhter Flexibilität und Optimierung der Wertschöpfung.
3. Maßgeschneiderte Angebotspakete mit individuellen Leistungen, die genau auf die Anforderungen passen.
4. Bessere Zahlungskonditionen, Jahresrückvergütungen, Zahlungsziele.
5. Bevorzugte Lieferung und Priorisierung bei Servicefällen und anderen Reklamationen.
6. Zusammenarbeit in der Entwicklungsphase und Forschung.

5.1.5 Strategisches Verkaufen und komplexe Verkaufsprozesse

Während wir im B2C-Umfeld häufig Spontankäufe tätigen, treffen Entscheider in Unternehmen Investitionsentscheidungen nach einer gewissen Vorbereitung. Bei Spontankäufen oder Konsumgütern, die im Bereich bis 100 €, eventuell auch bis 1.000 € liegen, ähneln sich der Kauf- und der Verkaufsprozess. Insbesondere beim Kauf von Lebensmitteln verbringt man wenig Zeit mit der Entscheidung. Kaufreue gibt es selten. Die Kaufvorgänge an sich haben wenig Auswirkung auf zukünftige Entscheidungen, weil die Konsequenzen im negativen Fall verkraftbar sind.

Im Bereich von Investitionsgütern (B2B) und Dienstleistungen folgt die Kaufentscheidung insbesondere den Erwartungen hinsichtlich Leistung, Qualität und Preis. Weil die Beschaffungssummen häufig größer als 1.000 € sind, sind Entscheider und Einkäufer angehalten, das Risiko einer Fehlinvestition zu bewerten und zu vermeiden. Unter Einsatz von rationalen Bewertungsverfahren und der Hinzuziehung mehrerer Entscheidungsträger mit verschiedenen Kompetenzen werden verschiedene Anforderungskriterien erstellt und dem Lieferantenangebot gegenübergestellt. Der Kaufprozess ist dementsprechend anders als der Verkaufsprozess.

> **Die wichtigsten Phasen im Kaufprozess**
> 1. Problemdefinition (inklusive Anbietersuche und Anforderungskriterien für die Lösung)
> 2. Vorentscheidung (nach Vorgesprächen und Lieferantenbeurteilung)
> 3. Kaufentscheidung (inklusive Angebotssichtung, Auftragsvergabe)
> 4. Abnahme

> **Die wichtigsten Phasen im Verkaufsprozess**
> 1. Bedarfsanalyse (nach der Projektidentifikation)
> 2. Prozessberatung (Besprechung der Lösungsmöglichkeiten, Pflichtenheft und Angebotserstellung)
> 3. Nutzenargumentation und Angebotspräsentation (inklusive Beeinflussung der Entscheidungsfindung)
> 4. Systemlieferung, Test und Abnahme

Kunden entscheiden sich für das Angebot mit dem höchsten Nutzwert, und dieser besteht aus einem emotionalen und einem rationalen/wirtschaftlichen Nutzen. Im Consultative-Selling-Ansatz wird der professionelle Verkäufer versuchen, beide Nutzwerte in der individuellen Nutzenargumentation zu berücksichtigen. Der Grund hierfür ist einfach: Die Kaufentscheidungen werden von Menschen gefällt, die ihre Aufgabe für das

Kundenunternehmen wahrnehmen und dessen Interessen vertreten sollen, gleichzeitig besitzen sie aber auch eigene Interessen und Werte, die sie für sich erreichen wollen.

Einkaufsorganisationen versuchen heute, den persönlichen Kontakt zum Unternehmen in der Auswahlphase zu vermeiden. Sie versenden Formulare, die der Anbieter auszufüllen hat, oder bieten Onlineportale, über die sich interessierte Anbieter mit ihrem Angebot bewerben können. Ein persönlicher Eindruck der Kompetenz und Sympathie ist nicht möglich. Zudem entfällt die Möglichkeit, erklärende Informationen oder eine Präsentation beizufügen.

Erst nachdem die vermeintlich zwei bis drei besten Preisanbieter ausgewählt sind, gibt es ein persönliches Gespräch, und nach dem Zuschlag wird in der zweiten Runde nachverhandelt. So sieht der Alltag im Verkauf der Zukunft aus. Wer hier nicht die Entscheider bereits vorher kennengelernt, die Ausschreibungsunterlagen beeinflusst oder die Preisführerschaft im Markt inne hat, der sollte sich solchen zeitintensiven Ausschreibungen entziehen. Solche Aufträge sind selten wirklich profitabel und decken häufig maximal die Fixkosten. Der emotionale Teil des Verkaufsprozesses verschiebt sich nach der Vorauswahlphase in die zweite Hälfte.

5.1.6 Entscheidergruppen gewinnen (Buying-Center)

Im Vertrieb von komplexen Lösungen (B2B-Investitionsgüterbereich) werden Entscheidungen häufig von mehreren Personen getroffen. Diese Entscheidergruppe nennt sich Buying-Center. Jeder einzelne Entscheider verfolgt unterschiedliche Zielsetzungen für seine Aufgabenstellung, Zielvorgaben und persönlichen Ziele und muss deshalb individuell beeinflusst werden und eine personenorientierte Nutzenargumentation erfahren.

Verkäufer und Key-Account-Manager, die den Beratungsansatz wählen, verstehen die Zusammenhänge der betrieblichen Wertschöpfungskette und der einzelnen Geschäftsabläufe des Kunden.

Sie etablieren gute Beziehungen auf allen Ebenen zu den Entscheidern im Buying-Center und argumentieren den Nutzwert der gesamten Lösung und den individuellen Nutzen. Außerdem sind sie in der Lage, Nutzen auf emotionaler und rationaler (wirtschaftlicher) Ebene zu generieren.

Sie bedienen im Vertrieb die individuellen Bedürfnisse der Einzelnen und haben in der Bedarfsermittlungsphase, der Nutzenargumentations- und Präsentationsphase außerdem die Gesamtanforderung der Systemlösung im Auge. Mögliche Einwände aufgrund anderer Kunden und Projekte werden also nach der Bedarfsanalyse und der Kenntnis über persönliche Entscheidungsmotive bereits präventiv entkräftet, sodass die möglichen Überraschungen in der Abschlussphase gering sind.

Entscheidungen im Buying-Center werden also von einer Gruppe von Personen vorbereitet, besprochen und getroffen, sodass ein Verkäufer, der Consultative Selling als Verkaufsansatz gewählt hat, möglichst früh im Kaufprozess ansetzt und schon die Initiierung des Projekts beeinflusst. Er sorgt also dafür, dass seine Idee in ein Projekt umgesetzt wird.

Zumindest wird er sein Bestes geben, um bei der Kriterienauswahl Einfluss zu nehmen, sodass sein Angebotsportfolio in jedem Fall den technischen Anforderungen genügen wird. Hier kann er durch Beraterleistung bereits einen ersten Mehrwert einbringen.

> **Empfehlungen für einen frühen Einstieg in den Kaufprozess**
> 1. Seien Sie wachsam, was in der Organisation passiert. Bringen Sie den Kunden auf neue Ideen, sodass er Ihre Idee als seine Idee an weitere Entscheider verkaufen kann und ein Projekt entsteht, dessen Rahmenbedingungen Sie mitgestalten können.
> 2. Fokussieren Sie Ihr Leistungsportfolio zuerst auf den Engpass des Kunden, denn dort, wo der Schuh am meisten drückt, wird der Handlungsbedarf am größten und Ihr Mehrwert am deutlichsten spürbar sein. Angelehnt an die Methode der Engpass-Konzentrierten Strategie (EKS) nach Wolfgang Mewes entwickeln Sie eine engpassorientierte Prozess-/Lösungsberatung.
> 3. Konzentrieren Sie sich nicht nur auf nachgefragte Produkte, sondern interessieren Sie sich für die Auswirkungen der Wertschöpfungskette des Kunden und auf die möglichen Vorteile und den Mehrwert Ihrer Lösung. Einfach gesagt – schwer umgesetzt. Doch nur so beeinflussen Sie das Pflichtenheft (Anforderungen hinsichtlich Leistungsumfang und Lieferbedingungen) und positionieren sich mit der entsprechenden Fachkompetenz.
> 4. Bauen Sie von Beginn an intensive Beziehungen auf. Finden Sie den Unterstützer, der für Sie etwas in dem Kundenunternehmen tut, und bauen Sie Ihr Entscheidernetzwerk aus. Nur so erfahren Sie früh genug von möglichen Projekten (Opportunities) und können sich im Kaufprozess früh positionieren.
> 5. Zeigen Sie dem Kunden, dass Ihnen am meisten daran liegt, ihn zu verstehen und sein Problem bzw. die Aufgabenstellung verstanden zu haben. Das erzeugt Vertrauen, Glaubwürdigkeit und ermöglicht Ihnen anschließend eine treffsichere Nutzenpräsentation Ihres Mehrwerts durch ein Werteversprechen (Value Statement, Value Proposition).
> 6. Testen Sie durch regelmäßige Entscheidungsfragen die Zwischenabschlüsse und reden Sie erst später über Produktbezeichnungen, technische Spezifikation und Preiskonditionen.
> 7. Zu Beginn konzentrieren Sie sich auf den Kernbedarf, wie zum Beispiel Skalierbarkeit der Lösung, Hochverfügbarkeit, Qualität und die Leistung. Nutzen Sie dabei zuerst aktives Zuhören, dann Fragetechniken und schließlich informieren Sie exakt bedarfs- und personenorientiert.
> 8. Steigern Sie die Auftragswahrscheinlichkeit, indem Sie Kontakt zu allen Beteiligten zum Beispiel in den verschiedenen Fachabteilungen im Buying-Center herstellen und halten. Stellen Sie auch die interne Kommunikation in Ihrem Selling-Center-Team sicher und koordinieren Sie den kontinuierlichen Austausch entlang der Kaufentscheidung auf der Kundenseite.

Wird, wie im klassischen Systemverkauf, nach der Erstellung des Pflichtenhefts das Angebot abgegeben oder nur per E-Mail zugesendet, so ist der Einfluss des Verkäufers begrenzt. Er kann sich eventuell mehrmals bei einzelnen Personen des Buying-Centers nach dem Status der Entscheidungsfindung erkundigen. Ist der Verkäufer jedoch zunächst nicht in der engeren internen Auswahl, so kann er nur abwarten, ob er den Auftrag erhält oder nicht.

Spätestens bei dieser Variante ist es wichtig, einen Unterstützer im Unternehmen zu haben, der Sie über den aktuellen Status auf dem Laufenden hält. So bekommen Sie vielleicht die Chance, bei eventuellen Nachfragen sofort Teile Ihres Angebots gegen den Wettbewerb erneut, diesmal wirkungsvoller, präsentieren zu können. Leider besteht nach wie vor das Risiko, dass aufgebaute Kundenbeziehungen zu einer oder mehreren Personen durch Interessensdifferenzen zwischen den Mitgliedern im Buying-Center wieder an Kraft verlieren.

Hier gilt es, den Hauptentscheider von vornherein bestmöglich zu beeinflussen und Beziehungen in die Geschäftsleitungsebene aufzubauen. Letztendlich ist es wie im Kartenspiel: „Ober sticht Unter".

Es besteht zudem die Gefahr, dass bei wochen- oder monatelangen Entscheidungsprozessen auf der Kundenseite die Wirkung der eigenen Differenzierungsmerkmale und Schlüsselargumente beim Kunden schwindet. Der entscheidende Erfolgsfaktor in einem komplexen Verkaufsprozess ist der Prozessablauf: zu wissen, wann man an welcher Stelle wie agieren muss und welche Personen in welcher Phase besonders relevant sind.

Will man also in einem Buying-Center erfolgreich sein, so muss die Verkaufsstrategie für diesen Kunden angepasst werden, um den Prozess bestmöglich steuern zu können. Die Praxis zeigt, dass die meisten Verkäufer den Kaufprozess nicht genau kennen und deshalb nach dem „Angebot senden-nachfragen-abwarten"-Muster verfahren.

Darüber hinaus muss man berücksichtigen, dass der Kaufprozess je nach Abteilung oder Anschaffungswert variieren kann. Diese Informationen gilt es genau in einem Dokument festzuhalten oder im CRM-System abzubilden.

Die Überzeugungsstrategie für die Mitglieder im Buying-Center ist die wirkliche Herausforderung. Und deshalb sollten auf der Anbieterseite entsprechend kompetente und befugte Mitglieder im Selling-Center organisiert sein. Es sind also von Kunden- und Anbieterseite in der Regel mindestens zwei Mitarbeiter involviert. Beispielsweise besteht ein qualifiziertes Verkaufsteam aus einem Account-Manager, einem technischem Berater und gegebenenfalls einem Vertriebsleiter und weiteren Mitgliedern in verschiedenen Regionen/Ländern.

In komplexen Verkaufsprozessen ist Team Selling in Kombination mit dem Beratungsverkauf ein effektiver Verkaufsansatz zur Beeinflussung und Steuerung des Kaufprozesses beim Kunden.

5.1.7 Die betriebliche Wertschöpfungskette

Definiert man die Wertschöpfung als Summe der in einem Unternehmen in einer Periode geschaffenen Werte, so stellt die betriebliche Wertschöpfungskette (nach Porter) die Gesamtheit der Primär- und Sekundärprozesse dar, die in einem Unternehmen zur Schaffung von Mehrwert beitragen. Die moderne Definition bezeichnet den Weg des gesamten Produkts bzw. der Dienstleistung vom Lieferanten über den Hersteller bis hin zum Endkunden als Wertschöpfungskette. Wesentliche Bestandteile sind hierbei:

1. Zulieferer (Rohstofflieferant)
2. Lieferant/Hersteller mit den Phasen Beschaffung, Entwicklung, Produktion, Logistik
3. Kunde des Herstellerunternehmens (Verwender, Vertriebspartner)
4. Endkunde/Konsument (Kunde des Kunden)

In der Informationstechnologie spricht man von sogenannten End-to-End-Prozessen. Diese können in vier Abschnitte unterteilt werden:

1. Analyse (Expertise, Evaluation, Beginn des Projekt-Managements)
2. Design (Konzept, Architektur, Systemdesign)
3. Build (Installation, Integration, Konfiguration, Test, Roll-Out, Training)
4. Operate (Betrieb mit Wartung und Service-Management)

Die eingekauften Produkte und Dienstleistungen in der Phase der Beschaffung sind Vorleistungen für die eigene Leistungserstellung (beispielsweise Programmierung eines eigenen Betriebssystems, Herstellung eines LKWs). Die Wertschöpfung des Herstellers zeigt den Ertrag der wirtschaftlichen Tätigkeit.

Wertschöpfung = Leistung − Vorleistung

Die **Leistung** ist der Umsatzerlös einer Periode (bereinigt um Bestandsveränderungen). Die Vorleistung definiert die im Produktionsprozess verbrauchten, verarbeiteten oder umgewandelten Waren und Dienstleistungen. Sie geht vollständig in das im Produktionsprozess nachgelagerte Produkt ein (zum Beispiel Strom, der in einer Fabrik verbraucht wird).

Das Consultative Selling konzentriert sich hier auf vier Aufgabenbereiche, die der Verkäufer zu erledigen hat.

5.1 Der beratungsorientierte Verkaufsansatz (Consultative Value Selling)

1. Prozessberatung in der Wertschöpfung des Kunden. Sie ermöglicht eine frühe Einflussnahme auf die Problemdefinition, die Auswirkung der Lösung (implizierter Bedarf) und den Ablauf der Entscheidungsfindung.
2. Aufzeigen von Problemen, Engpässen, Wachstumsmöglichkeiten, Optimierungspotenzial und Bedürfnissen des Kunden.
3. Anbieten mehrwertorientierter Lösungen durch das Value Statement und das Werteversprechen (Value Proposition).
4. Überzeugung des Kunden von dem Mehrwert/Nutzen der angebotenen Lösung anhand von zahlengestützten Berechnungen (zum Beispiel ROI) und emotionaler Nutzenargumentation entsprechend der Bedürfnisse des einzelnen Entscheiders.

Hierzu ist in der Regel eine vertrauensvolle Beziehungsbasis erforderlich, denn sonst ist der Kunde verschlossen und gibt dem Verkäufer nicht die benötigten Informationen über den bisher festgestellten Bedarf, die Hintergründe und die wirtschaftlichen Leistungszahlen. Nur dieser Austausch ermöglicht es dem Beratungsverkäufer, die relevanten Daten für seine Mehrwertpräsentation aufzubereiten und im Value Statement eine konkrete Amortisierungsberechnung anzufertigen.

Die Wertschöpfung lässt sich durch zwei Parameter steigern:
1. Erhöhung der bisherigen Leistung mit Umsatzsteigerung in bestehenden Märkten durch Verdrängung oder durch den Aufbau von neuen Märkten bzw. Kundensegmenten.
2. Mit dem Consultative-Selling-Ansatz werden dem Kunden Möglichkeiten aufgezeigt, wie er mit welchen Produkten in welchen Märkten und Kundensegmenten wachsen kann. Hierbei ist es wichtig, den Kunden des Kunden zu analysieren. Nur wer diesen Schritt verfolgt, kann sich in die Situation hineinversetzen, welchen zukünftigen Herausforderungen das Unternehmen ausgesetzt sein wird und welche Möglichkeiten es gibt, dennoch die Wertschöpfung zu steigern.
3. Eine Preiserhöhung durch innovative Produkte und neue Dienstleistungen für die Kunden des Kunden führt ebenso zur Leistungssteigerung.
4. Die Optimierung der Wertschöpfungskette kann auf vielfältige Weise erfolgen; hier einige Beispiele:
   - Reduzierung von Produktionsfehlern (Reduzierung Ausschuss usw.),
   - Verbesserung der Qualität, Effizienzsteigerung in der Herstellung, in Produktion und Vertrieb (Prozessoptimierung) sowie die

> - Kostenreduktion der allgemeinen und speziellen Kosten.
> - Mengen können reduziert werden und somit die Anschaffungskosten für die Herstellung.
> - Eine Optimierung der Einkaufskosten im Einkaufsprozess,
> - Reduzierung der Kosten in der Supply-Chain (zum Beispiel Six-Sigma-Maßnahme),
> - Reduzierung von Wartungskosten durch neue Technologien (zum Beispiel IP-Telefonie benötigt nur noch die Wartung der IT und nicht zusätzliche Wartung der TK-Anlage). Dies wirkt sich positiv auf die Wertschöpfung aus.
> - Reisekosten können vermindert werden, indem neue Technologien im Bereich mobiler Datenkommunikation eingesetzt werden (zum Beispiel Video Conferencing und Blended Learning).
> - Es ergeben sich neue Möglichkeiten der Kundenbetreuung durch innovative Call-Center-Technologie.

Je besser das Verständnis für die brennenden Kundenprobleme, die zukünftigen Herausforderungen seiner Branche (Trendanalyse) und der Optimierungsbereiche ist, desto intensiver werden die Verkaufsgespräche sein. Der Verkäufer qualifiziert sich damit, als Problemlöser und Ideenlieferant für die Verbesserung der Wertschöpfung des Kunden wahrgenommen zu werden. Dies beschreibt auch den Weg vom Produktverkäufer zum Partnerschaftsverkäufer. Es ist eine wichtige Voraussetzung zur Erhöhung der Trefferquote in der Auftragsgewinnung.

Intensive Kundenbeziehungen von Partner zu Partner erhöhen die Intensität der Geschäftspartnerschaft und den Abschluss von neuen Projekten für den Kunden.

5.2 Beziehungsverkauf

Stellt man sich die Frage, was die besten 5 Prozent der erfolgreichen Verkäufer anders machen, findet man viele Antworten. Von Kompetenzen bis zur Einstellung sei vieles ausschlaggebend. In diesem Zusammenhang erscheint uns die Beobachtung von Dr. Spencer Johnson (*Who moved my cheese*, 1999 und *Der Minuten Manager*, 2002) erwähnenswert: „Es gibt eine kleine Gruppe von Verkäufern, die fast alles erreichen, was sie sich vornehmen, ohne sich dafür groß anstrengen zu müssen." Der Unterschied ist, dass diese Verkäufertypen die Dinge im Vertrieb tun, die sie wirklich leidenschaftlich gerne tun. Und sie tun diese Dinge in einer Art, dass sie wirklich achtsam sind und ein hohes Commitment erzeugen.

5.2 Beziehungsverkauf

Bei Käufern ist es genauso! Menschen lieben es, zu kaufen. Sie lieben es, weil es Freude macht. Fragen Sie mal, ob Verkäufer gute Einkäufer sind. Wahrscheinlich sind sie die besten Konsumenten. Die Erfahrung lehrt: Nichts ist leichter, als einem Verkäufer etwas zu verkaufen.

Das Einkaufserlebnis gibt uns ein Gefühl der Zufriedenheit. Der Kopf analysiert die Entscheidung, aber das Herz macht die verbindliche Zusage. Es ist eher ein emotionales Bekenntnis als ein rationales (vgl. auch emotionaler Nutzen vs. rationaler Nutzen, Kapitel 8, Kundennutzen: die Basis für den Verkauf. Menthe/Sieg, 2012). Um erfolgreich im Verkauf zu sein, sollte man in erster Linie die Gefühle des Kunden ansprechen, statt ihn mit technischen Produkteigenschaften zu überhäufen. Es geht um die Beziehung, das ist nichts Neues. Zeigen Sie dem Kunden, dass Sie achtsam und sorgsam vorgehen. Sprechen Sie daher auch in Präsentationen zuerst über das „Warum" und dann über das „Wie". Wenn wir wissen „Warum", ist das „Wie" einfach. Das gilt für den Verkauf genauso wie für das Change-Management.

Auch wenn es noch „Dinosaurier" in Management und Vertrieb gibt, so ist es doch offensichtlich, dass wir das alte Paradigma einer mechanisch-funktionierenden Welt ablegen müssen. Wir leben nicht mehr in einer mechanisch funktionierenden Welt, und die Physik kann längst nicht alles erklären (zum Beispiel Verkauf), weil die Dinge nicht so einfach sind, wie man sie gerne hätte. Ein Ottomotor ist berechenbar. Gibt man Benzin hinein, so kommt Kraft an der Antriebswelle an – wenn er funktioniert.

Wir leben in einer biologischen organischen Welt, deren besondere Merkmale Dynamik und Komplexität (Dynaxität) sind. Dies unterstreicht auch die Systemtheorie. Unternehmen werden von Menschen gegründet und geführt und Menschen erbringen die Unternehmensleistung. Geschäfte und Strukturen sind lebendige Organisationen und daher eher vergleichbar mit einem Ameisenhaufen als mit einem Ottomotor.

Organisationen bestehen aus Regeln und das System kann sich selbst organisieren. Schon die Veränderung an einer Stelle (zum Beispiel Outsourcing der IT) kann einen erheblich Einfluss auf die neue Organisation haben. Ein Geschäft, eine Vertriebsorganisation, eine Kundenorganisation, ein Netzwerk von Menschen ist lebendig. Deshalb sind lebende Systeme besser mit biologischen Kriterien beschreibbar. Es gibt Annahmen über Zusammenhänge und Wechselwirkungen und nicht nur das Ursache-Wirkungs-Prinzip.

Was bedeutet das für einen Verkäufer? Es bedeutet, dass, wenn wir mit Kundenunternehmen kommunizieren, wir mit Individuen in Kontakt treten, die alle Teil eines lebendigen Netzwerkes sind. Und die menschlichen Beziehungen machen dieses Netzwerk aus. Das heißt, dass keiner alleine ist und Entscheidungen ohne den Einfluss anderer trifft. Also sollten wir eine Geschäftsbeziehung wie eine Freundschaft beginnen, um das Leben im privaten und geschäftlichen Bereich zu verbessern. Unser Leben und langfristige erfolgreiche Zusammenarbeit mit Kunden ist durch die Qualität unserer Beziehungen definiert. Also nehmen Sie Abschied von „Anhauen, Umhauen, Abhauen".

5.2.1 Relationship Selling

Der Beziehungsverkauf, besser bekannt als Relationship Selling, ist eine Verkaufsmethode und ein Verkaufsstil, der vor allem auf die Etablierung einer langfristigen Beziehung zu den Kunden ausgerichtet ist. Wirtschaftliches Ziel im Beziehungsverkauf ist eine langfristige, profitable Bindung des Kunden an das Unternehmen. Es geht dabei nicht um Bindung durch „Knebelverträge", sondern gegenseitige Anziehungskraft und partnerschaftliche Zusammenarbeit. Der Kundendeckungsbeitrag oder der Customer Lifetime Value (CLV) sind hierbei interessante Kennzahlen zur Erfolgsmessung.

Der Verkauf heute im 21. Jahrhundert dreht sich mehr um Beziehungen und um Verbindungen mit Menschen als in der Vergangenheit. Alleine der Trend des Cocooning (Rückzug in die Privatsphäre) zeigt, dass man alleine konsumieren kann und aufgrund der hohen Informationsbelastung alleine in den eigenen vier Wänden bleiben will. Das Alleinsein bis hin zur Isolation bedeutet auch, dass wir uns nach wie vor nach guten Beziehungen sehnen. Dass wir uns stärker vernetzen als je zuvor, belegen mehr als 900 Mio. Benutzer von Facebook, Twitter, Plattformen wie Xing usw. In Amerika wird in Bewerbungsgesprächen bereits gefragt, wie viele Kontakte man bei LinkedIn hat, wenn man angibt, ein starker Netzwerker zu sein.

Einen Vergleich der alten und der neuen Verkaufswelt im Emotionszeitalter zeigt Tab. 5.2.

Kunden und interessierte potenzielle Kunden sind erstens sehr wechselfreudig in diesen Zeiten (B2C wie auch B2B) und zweitens sehr wählerisch. Sie verschwenden deutlich weniger Zeit mit unfokussierten Anrufen oder Anbahnungsversuchen. In den USA legt der Angerufene teilweise direkt auf, wenn er den Anrufer nicht kennt. Privathaushalte haben häufig zwei Anschlüsse, denn der offizielle ist zu 50 % mit Werbeanrufen von Tarifanbietern und Versicherungsvergleichsanbietern belegt.

Käufer und Entscheider wollen eine nutzbare, professionelle Geschäftsbeziehung mit Lieferanten und Verkaufsrepräsentanten, die ihnen helfen, ihre Probleme zu lösen, offene Fragen zu beantworten und die sie mit gewinnbringenden Informationen versorgen, die ihnen wiederum helfen, sich gut darzustellen.

Der Beziehungsverkauf ist also Verkauf, während Geschäftsbeziehungen aufgebaut werden. Und natürlich fragt man nach wie vor nach Zwischenabschlüssen und fasst Entscheidungen zusammen, um den nächsten Schritt festzulegen. Jeder Schritt im Verkaufsprozess wird so ausgeführt, dass sich die Geschäftsbeziehung festigt und optimiert. Die Annahme im Beziehungsverkauf ist also, dass wir beim Aufbau einer neuen Beziehung nebenbei Verkaufschancen aufdecken, Bedarf generieren, Abschlüsse tätigen und dem Wettbewerb das Leben schwer machen.

Im Gegensatz zum Beratungsverkauf wird hier nicht solange beraten, bis der Kunde hinterher das ganze Wissen hat, sondern die Qualität der Beziehung treibt einen erfolgreichen Verkaufsabschluss quasi automatisch voran. Kunden merken sehr schnell, ob Sie den schnellen Abschluss für das Monatsende im Fokus haben oder auch in größeren Zusammenhängen und langfristig denken können.

5.2 Beziehungsverkauf

Tab. 5.2 Vergleich Verkaufswelten Mechanismus vs. Organismus (Cathcart 2002)

Industriezeitalter (alt)	Eco-Tech-Zeitalter (neu)
Mechanismus (Motor)	Organismus (Ameisenhaufen)
9–17 Uhr	24 × 7
Augenkontakt	Elektronischer und persönlicher Kontakt
IQ	EQ + MQ (Mentality Quotient)
Wissen ist Macht	Zugang ist Macht
Überzeugung	Partnerschaft
Mach es alleine	Mach es zusammen
Regel der Institution	Regel des Individuums
Einwandbehandlung	Einwandprävention
Anbietermarkt	Kundenmarkt
Ausbau Marktanteil	Marktanteil halten und verteidigen
Wachstum in der Breite	Wachstum in der Nische
Marketing-Mix (4 P's)	Product, Price, Promotion, Place und People

Das bedeutet zudem, und es war noch nie anders, dass man ausreichend Verkaufsmöglichkeiten und Projekte generieren muss, um nicht von einem großen Projekt abhängig zu sein und unter Verkaufsdruck zu leiden. Im Beziehungsverkauf können wir selbstverständlich mit Verknappung arbeiten – nur bitte nicht „zu billig".

> **Hilfreiche Aktivitäten im Beziehungsverkauf**
> 1. Vorbereitung für den Verkauf
> 2. Zielgruppenauswahl
> 3. Anknüpfen, Kontaktieren und Netzwerk-/Beziehungspflege
> 4. Analyse der Kundensituation und dessen Markt
> 5. Entwicklung des Kunden und der Projekte
> 6. Lösung mit Mehrwertvorschlag
> 7. Ziel, Abschluss und After-Sales-Zufriedenheit

5.2.2 Der Prozess

> Vorbereitung > Zielgruppenauswahl > Beziehungsaufbau > Bedarfsanalyse

1. Vorbereitung im Verkauf

> „Pläne sind nichts, Planung ist alles!" (Dwight D. Eisenhower)

Vorbereitung ist alles. Kennen Sie die aktuellen Herausforderungen im B2B-Vertrieb? Entscheidungen werden auf eine höhere Ebene verlagert, zu der man den Verkäufern den Zugang erschwert oder verweigert. Kennen Sie die richtigen Ansprechpartner oder setzen Sie nur einen Versuchsanruf ab, ob jemand abnimmt? Außerdem: Kunden erwarten eine profunde Beratung und eine Vorbereitung, die einiges an Geld und Zeit benötigt.

Letztens sagte ein Kunde einer großen Krankenversicherung: „ …Sie haben sich sicher schon über uns informiert, sodass wir Ihnen nichts mehr zum Geschäft erzählen brauchen?"

Provokant oder im Internetzeitalter berechtigt? Viele Kunden fordern endlos Informationen – gerade im Beratungsgeschäft ist das sogenannte „Brain Sucking" eine übliche Methode, um sich Expertenwissen zu verschaffen, um dann Projekte selbstständig oder mit geringerem finanziellen Kostenaufwand Dritter umzusetzen.

> Allgemeine Fragen, auf die Sie eine Antwort haben sollten, bevor Sie den Zielkunden kontaktieren
> - Wer ist der Entscheider?
> - In welcher Situation befindet sich die Branche (Herausforderungen)?
> - Wie stehen das Unternehmen, der Geschäftsbereich finanziell und strategisch da (siehe Geschäftsberichte, Interviews, Vorträge von Bereichsleitern)?
> - Was sind aus Ihrer Sicht die Ziele des Bereichs?
> - Welche Probleme oder zukünftigen Herausforderungen muss der Kunde oder der Bereich meistern?
> - Welchen Beitrag können Sie mit Ihrem Wissen und Lösungsangebot leisten?
> - Welche Fragen können Sie (ganz speziell) stellen, um Probleme aufzudecken, Klarheit über die Situation und die Auswirkungen zu bekommen?

- Welcher konkrete Bedarf ergibt sich daraus und welche Lösung haben Sie wohl mit welchem (optimalerweise direkt messbaren) Mehrwert für den Kunden?
- Welche Dienstleistung beherrschen Sie, um das Produkt anbieten?
- Welche Beweise haben Sie für den Kunden (Referenzen, Fallbeispiel, Testimonials), um Ihre Behauptung zu belegen?
- Wie können Sie mit Ihrem Angebot mehr Wert schaffen als der Wettbewerb? Wo liegen Ihre Vorteile und Differenzierungen?

Genau daran scheitern viele Verkäufer im Investitionsgüterbereich: fehlende Vorbereitung. Fälschlicherweise nimmt man oft an, dass man diese Art von Gesprächen doch schon hundert oder gar tausende Male geführt hätte. Aber waren Sie erfolgreich oder hätten Sie mit besserer Vorbereitung erfolgreicher sein können? Denken Sie daran, dass Sie in der Regel nur einen Schuss haben – und der muss sitzen.
„Danke für Ihr Angebot, wir melden uns bei Bedarf."
Neben fehlendem Produktwissen und Wettbewerbswissen sind vor allem die fehlende Verkaufskompetenz und fehlendes Wissen über den Kunden die Ursachen dafür, dass Verkäufer erst gar keinen Termin bekommen oder sich ihr Angebot sparen können, weil es oben auf den Stapel für den Papierkorb gelegt wird.
Hier nun einige Fragen, die verschiedene Ansprechpartner auf den Entscheiderebenen kontinuierlich beschäftigen und die Sie stellen können.

Geschäftsleitung
- Was kennzeichnet Ihre Unternehmenspolitik?
- Wie sehen Ihre Unternehmensziele, insbesondere mittel- bis langfristig aus?
- Was sind Ihre drei größten Probleme?
- Wie heben Sie sich von Ihren Konkurrenten ab?

Produktionsleiter/IT-Leiter/F & E-Leiter
- Welche drei wesentlichen Anforderungen stellt die Geschäftsleitung an Sie?
- Wie zufrieden sind Sie mit Ihrer erzielten Produktivität bzw. Innovationskraft?
- Wie können wir Sie am besten im operativen Bereich unterstützen?
- Wie können wir Ihren Chef am besten für Ihre Pläne und Ziele gewinnen?

Verkaufsleiter
- Wie ist die Verteilung des Umsatzes auf die einzelnen Zielgruppen?
- Wie ist Ihr Vertrieb organisiert?
- Welche Vertriebswege nutzen Sie?
- Wie messen Sie die Vertriebsleistung?
- Was tun Sie für die einzelnen Zielgruppen?
- Wie können wir Sie am besten unterstützen, um die Effektivität und Effizienz Ihres Vertriebs zu steigern?
- Welche Möglichkeiten sehen Sie, die Kundenorientierung zu verbessern?
- An welchen Kriterien werden Sie vorwiegend gemessen?

Planen Sie also nicht nur Ihre Verkaufswoche, den Monat und das Quartal, sondern bereiten Sie Ihre Gespräche sorgfältig vor.

2. Zielgruppenauswahl

„Für ein Schiff, das seinen Hafen nicht kennt, weht kein Wind günstig." (Seneca)

Kunden werden heute überhäuft mit Anrufen und Informationen und schotten sich zunehmend ab. Umso wichtiger ist es, sich über seine Zielgruppe und Zielkunden Gedanken zu machen und diese entsprechend gut vorbereitet individuell anzugehen.

Übung
1. Schreiben Sie die besten zehn Kunden auf, denen Sie heute dienen, denn „verdienen" kommt von „dienen".
2. Beschreiben Sie den Kunden: Was macht ihn so attraktiv? Manche Verkäufer haben uns schon gesagt: „Weil ich mich nicht groß um ihn kümmern muss …". Wahrscheinlich kümmert sich der Wettbewerb bereits besser um ihn, und der Verkäufer weiß nur noch nicht, dass er bald kein Stück mehr vom Kuchen erhalten wird.
3. Wie betreiben die einzelnen Kunden ihr Geschäft? Wer sind deren Kunden und was benötigen diese in Zukunft?
4. Schreiben Sie auf, wo sich die Kontaktpersonen austauschen und aus welchen Kanälen Sie Ihre Informationen für Ihr Geschäft beziehen.
5. Wie ist der finanzielle Erfolg der Unternehmen und wie wird Internationalisierung vorangetrieben?
6. Wie kam der erste Kontakt zustande? War es eine Empfehlung, ein interessierter potenzieller Kontakt?

5.2 Beziehungsverkauf

Wir alle wissen, dass die Neukundenakquise mindestens fünfmal teurer ist als der Ausbau der Stammkunden oder die Gewinnung neuer Kunden aus bestehenden Kontakten. Sicher ist das Netzwerken eine wichtige Voraussetzung. Noch wichtiger ist die Frage: *„Wer kennt den, den ich kennenlernen will?"*

Referenzverkauf ist die beste Methode, um neue Entscheiderkontakte beim Kunden zu erhalten. Referenzen können aus deutschen Unternehmen kommen und europaweit genutzt werden. Referenzen können aus einer Niederlassung kommen und als Eintritt ins „Headquarter" verwendet werden. Referenzen können aus der IT-Abteilung in die Entscheiderebene im Marketing oder Vertrieb reichen. Alleine durch XING findet man ausreichend Anknüpfungspunkte, um neue Kontakte aufzunehmen und zu vertiefen, bis man einen Termin für ein konkretes Anliegen erhält.

Cross Selling (Ausschöpfung vorhandener Kundenbeziehungen für weitere Produktkäufe oder für die Nutzung weiterer Dienstleistungen des eigenen Unternehmens durch zusätzliche Angebote) innerhalb der Firmen, die bereits Kunde sind, wird viel zu wenig genutzt. Vertriebsmitarbeiter scheinen mehr Spaß daran zu haben, neue Kunden mühsam zu akquirieren und zu überzeugen, als bestehende Kontakte, die einmal gekauft haben, mit weiteren Angeboten zu beglücken.

Entscheiden Sie sich, ob Sie ein Hunter oder ein Farmer sind und was Sie werden wollen. Es gibt wirklich gute Kontakter, die es bis zur Angebotsabgabe schaffen. Ebenso gibt es Bestandskundenverwalter, die sich wundern, dass ihre Kontaktquantität abnimmt, weil sie nicht an dem Ausbau ihrer Kontaktbasis arbeiten. Dabei gilt doch: Je mehr Kontakte, desto mehr Kontrakte.

3. Anknüpfen, Kontaktieren und Netzwerk-/Beziehungspflege

Nutzen Sie die Gelegenheit, wenn ein Entscheider das Unternehmen wechselt. Sie haben gute Möglichkeiten anzuknüpfen, ein Geschäft mit einem Bekannten zu machen und als neuer Lieferant gelistet zu werden, auch wenn es erst ein kleines Geschäft ist.

Selbst wenn Ihr bestehender Kontakt nach dem Wechsel nicht nützlich ist, können Sie andere Entscheider mit Bezug auf den gemeinsamen Bekannten ansprechen und in einem Termin mehr über die aktuelle Unternehmenssituation und die Herausforderungen in der Industrie erfahren.

Nur durch viele Gespräche erfahren Sie auch, was die Branche bewegt. Und fast immer können Sie die gewonnenen Informationen aus den bisherigen Gesprächen im nächsten Gespräch verwenden und Ihre Expertenstellung stärken.

Im Beziehungsmanagement geht es insbesondere um das Verhältnis von **Spannung und Vertrauen**. Wenn die Spannung hoch ist, ist das Vertrauen eher niedrig. Ist die Spannung während einer Reklamationsphase gering, steigt das Vertrauen.

In einem Verkaufsprozess und während einer Geschäftsbeziehung gehen wir durch Hochs und Tiefs. Es gibt Phasen der starken Anspannung (zum Beispiel rechtzeitige Lieferung und Installation), denen dann Phasen des Vertrauens und der Zuversicht folgen, wenn das Produkt/die Lösung so funktioniert wie vereinbart und gekauft.

In der Vorbereitungsphase hingegen ist die Spannung auf der Käuferseite niedrig, weil Sie noch keinen Kontakt aufgebaut haben, während Ihre Spannung hoch ist, im Hinblick auf den Termin: Bekommen Sie ihn oder nicht?

In der Phase des Kontakts ist es Ihr Ziel, möglichst viel Vertrauen durch Kommunikation aufzubauen und eine offene Atmosphäre zu gestalten, um maximalen Austausch und bestmögliche Informationstiefe zu erreichen. Je höher das Vertrauen ist, desto mehr vertrauliche und entscheidende Informationen werden Sie erhalten.

Nachvollziehbar ist auch der Rückzug eines potenziellen Kunden, wenn Sie durch suggestive und manipulative Methoden Entscheidungsdruck aufbauen und damit auf der Käuferseite Spannung statt Vertrauen erzeugen.

4. Analyse

In der vierten Phase der Bedarfsanalyse studieren Sie den Kunden und versuchen, durch Fragen seine aktuelle Situation, seine Probleme bzw. Herausforderungen und vorhandene Lösungsideen zu erfassen. Hier sinkt die Spannung auf beiden Seiten ab und das Vertrauen steigt. Solange das Frage-Antwort-Spiel nicht zum Verhör wird und Sie den Schmerzpunkt des Kunden nicht überstrapazieren, können Sie hier eine gute Basis schaffen. Damit gelangen Sie in die nächste Phase, in der Sie Ihre Lösungsideen und den Nutzen Ihres Angebots präsentieren.

Üblicherweise sollte jetzt die Spannung auf beiden Seiten angenehm steigen. Mit einer herausfordernden Frage kann die Spannung auch gezielt erhöht werden. Auch Provokation kann bei dominanten Gesprächspartnern wirkungsvoll sein.

Wertorientierte Diskussion mit dem Kunden (Powerbase Selling) 6

6.1 Wie viel Mehrwert können wir hinzufügen?

Die zentrale Frage ist: Bis zu welchem Ausmaß existiert eine messbare Basis für einen notwendigen und geschäftlichen Mehrwert? Im Folgenden setzen wir voraus, dass Verkäufer herausgefunden haben, wie der Kunde von einer angebotenen Lösung profitieren kann, wie dieser Nutzen in den Geschäftsplan des Kunden hineinpasst und dem Kunden hilft, einen messbaren Mehrwert zu erhalten. Um Sie in Ihrer Akquisestrategie zu unterstützen, stellen wir ferner eine Zusammenstellung wichtiger Kriterien vor, mit denen Sie im Verkauf das Interesse des Kunden adressieren können, seine Beteiligung verstärken und seine Bereitschaft erhöhen werden. Außerdem helfen Ihnen die acht Kriterien (siehe Tab. 6.1), den potenziellen Wert, den der Kunde möglicherweise noch nicht entdeckt hat, zu bestimmen und ihm den Nutzwert näherzubringen. Die Kriterien sollten anhand einer Skala für jedes Angebot bewertet werden (siehe Tab. 6.1).

Im Folgenden werden die acht Kriterien mit der entsprechenden Bewertung beschrieben. Wählen Sie für Ihre Situation den jeweils relevanten Wert und tragen Sie diesen in die Tabelle ein.

Für alle Kriterien gilt: Ist der Status unbekannt, gibt es jeweils **2 Minuspunkte**!

1. **Einbindung des Kunden in der Phase der Entdeckung des Nutzens**
   - **Passiv** (−1 Punkt) bedeutet, dass es aktuell sehr schwierig ist, den Kunden von der Bedeutsamkeit Ihrer Kundenlösung zu überzeugen. Typischerweise reagiert der Kunde höflich, hört zu, zeigt jedoch keine erhöhte Aufmerksamkeit und erwähnt gelegentlich, dass Ihr Angebot keine hohe Priorität in seiner Beschaffungsphase hat.
   - **Neutral** (0 Punkte) bedeutet, dass der Kunde Ihr Unternehmen und die angebotene Lösung als Mehrwert generierendes Angebot wahrnimmt und Ihr Unternehmen interessant ist. Jedoch hat Ihr Angebot nicht die volle Aufmerksamkeit oder der Mehrwert ist noch nicht wirklich realisiert worden. Das heißt, Sie müssen erneut in die Bedarfsanalyse einsteigen und Fragen zu den möglichen positiven Auswirkungen

Tab. 6.1 Acht Kriterien zur Nutzengenerierung und Mehrwertbewertung

Kriterien	Punkte
1. Einbindung des Kunden in der Entdeckungsphase des Nutzens	
2. Entscheidungsmechanismus	
3. Einfluss auf das Geschäft	
4. Messbarkeit	
5. Zeitrahmen	
6. Mittelbeschaffung	
7. Angemessene Unterstützung durch die Geschäftsleitung	
8. Zukünftiger Mehrwert des Kunden	
Gesamt	

für Ihre Lösung stellen und die Nutzenargumentation feiner auf die entscheidenden Kaufkriterien und Bedürfnisse abstimmen bzw. genauer und überzeugender präsentieren. Die Kunden fragen üblicherweise nach Details und verstehen den möglichen Mehrwert des Angebots.

– **Proaktiv** (+1 Punkt) zeigt eine positive Reaktion auf Ihren dargestellten Mehrwert. Der Kunde ist interessiert, fragt direkt nach und spricht selbstständig darüber, inwieweit das Angebot und die Geschäftsbeziehung einen Mehrwert für die Firma bedeuten. Die Entscheidungsträger werden aktiv nach den nächsten Schritten fragen und Sie dabei unterstützen, innerhalb des Unternehmens voranzukommen, um den Auftrag zu erhalten.

> Hilfreiche Fragestellungen, um den Kunden stärker zu motivieren und zu involvieren:
> - Beeinflussen den Kunden gerade interne oder externe Faktoren?
> - Schaut der Kunde sich gerade nach Möglichkeiten um, ohne eine starke Kaufmotivation oder einen Entscheidungsdruck zu haben?
> - Hat Ihr Kunde eine Prädisposition für Ihr Unternehmen, um Geschäfte mit Ihnen zu machen?
> - Wer in Ihrem Unternehmen wurde in Kundendiskussionen involviert, um die Nutzenempfänglichkeit des Kunden zu prüfen?
> - Bemüht sich der Kunde um Beschleunigung, um ins Geschäft mit Ihnen zu kommen und die Lösung zu implementieren?
> - Ist Ihr Ansprechpartner bedeutsam und kompetent, um einen Beitrag für das Weiterkommen zu leisten?

- Können Sie in der Nutzenpräsentation die Meinung des Kunden darüber beeinflussen, wie man am besten Nutzen erzeugen kann, und haben Sie hierfür belegbare Referenzen aus ähnlichen Unternehmen oder Branchen?
- Repräsentiert die Sprache Ihrer Angebotspräsentation die Denkweise Ihres Unternehmens und/oder die des Kunden?
- Wer sind die wichtigsten Ressourcen/Meinungsbildner in der Kundenumgebung, um Nachforschungen zum möglichen Kundenmehrwert zu betreiben?

2. **Entscheidungsmechanismus**
   - **Unklar** (−1 Punkt) definiert den Entscheidungsdruck. In diesem Fall zögert der Kunde eher und der Entscheidungszeitpunkt ist unklar. Wahrscheinlich haben Sie emotionale und funktionale oder wirtschaftliche Nutzenargumente, jedoch scheint es zu schwierig, diese auf den potenziellen Einfluss für das wirkliche Geschäft des Kunden auszurichten. Eventuell sind Sie in der Lage, ein großes Bild/eine technologische Marschrichtung für das Geschäft des Kunden darzustellen, aber die Kernnutzenfaktoren sind unklar, nicht realisierbar oder zu grob in Ihrer Nutzenpräsentation. Damit sieht der Kunde keinen direkten Nutzen Ihrer Lösung, der sein Geschäft positiv, konkret und in absehbarer Zeit beeinflusst.
   - **Klar** (0 Punkte): Die Kaufentscheidungsgründe sind beiden Parteien klar und die Kriterien sind auf Seiten der Kundenabteilung definiert. Sie können durch eine Lösung eine zukünftige Strategie aufzeigen oder eine solide Verbesserung auf der operationalen Ebene erzielen, die ein Problem des Kunden (zum Beispiel branchenbezogen, kundenbezogen, prozessbezogen) adressiert und löst. Die Verbindung zu einem kritischen Problem bleibt jedoch noch aus und muss hergestellt und dargestellt werden. Ihr Mehrwert ist vorhanden, hat aber noch keinen signifikanten Einfluss auf ein wichtiges Thema des Kunden.
   - **Dringend** (+1 Punkt) bedeutet, dass der Kunde den Mehrwert Ihrer Lösung deutlich verstanden hat und als treibenden Faktor für die Entscheidungsfindung nutzen will. Sie konnten den Beitrag der Lösung klar und überzeugend in Verbindung mit einem bestehenden Problem oder einer kurz bevorstehenden Herausforderung für den Kunden präsentieren. In tiefergehenden Besprechungen haben Sie Prozesswissen und Einflussgrößen durch Auswirkungsfragen herausgefunden und die Relevanz Ihres Angebots bezüglich einer Lösung für den Schmerzpunkt des Kunden erhöht. Dem Kunden ist klar geworden, dass er nun handeln muss. Der Kunde hat die Dringlichkeit und Wichtigkeit für dieses Projekt als hoch eingestuft und bespricht mit Ihnen bereits konkret die Lieferungsmodalitäten, eventuell notwendige Installationsschritte und vereinbart nächste Termine zur weiteren Vertiefung der Durchführung.

Hilfreiche Fragestellungen, um den Entscheidungsprozess des Kunden zu beschleunigen:
- Welche dringenden Probleme will der Kunde lösen?
- Was ist der Anlass für die Veränderung, die Umstellung oder die Erweiterung?
- Wer oder welche Abteilung hat den größten Vorteil von der Anwendung, der Dienstleistung oder dem Produkt?
- Wer wird möglicherweise bei einer erfolgreichen Durchführung des Projekts befördert?
- Was sind die hervorstechenden Funktionalitäten oder Ergebnisse Ihres Produkt- oder Dienstleistungsangebots?
- Was ist der wirtschaftliche Einfluss Ihres Angebots auf die Kunden Ihres Kunden und sein Gesamtgeschäft?
- Wie schnell kann der Kunde seinen Return-on-Investment (ROI) realisieren und wie hoch ist der Liquiditätsrückfluss?
- Was ist der wichtigste Beweggrund für die Kaufentscheidung?
- Was passiert, wenn der Kunde das Projekt nicht durchführt oder nicht handelt?
- Wer partizipiert am meisten von der Entscheidung für ein Nicht-Investment (Unterlassungsalternative)?
- Warum wurde das Budget bzw. das Kapital für die Anschaffung genehmigt?
- Geht der Kunde entschlossen zum nächsten Schritt in die Abschlussphase?
- Haben wir beim Kunden eine Dringlichkeit aufgebaut?
- Was versucht Ihr Kunde mit dem Projekt zu erreichen?
- Was sind die hauptsächlichen Einflussfaktoren in der Branche des Kunden, die Ihr Angebot unerlässlich machen könnten?

3. **Einfluss auf das Geschäft**
   - **Minimal** (−1 Punkt), bedeutet, dass im Sinne der Zweckmäßigkeit die identifizierten Mehrwerte und die Messbarkeit in Hinsicht auf den wirtschaftlichen Einfluss beim Kunden noch keine strategischen Mehrwerte erkennbar sind. Falls diese vorhanden und für den Entscheidungsträger sichtbar sind, so sind sie eher operationaler Natur und eher getrennt von der Geschäftsstrategie des Kunden. Die klare Verbindung als unterstützendes Mehrwertkonzept für die Strategieumsetzung fehlt oder ist kaum vorhanden.
   - **Aussichtsreich** (0 Punkte): Die Messkriterien sind gegenseitig identifiziert worden. Die Signifikanz der Messkriterien für das Geschäft des Kunden erscheint noch nicht ausreichend. Die Messbarkeit Ihres Nutzens ist für die Argumentation auf Geschäftsleitungsebene nicht ausreichend und bedarf einer Anpassung auf die geschäftsrelevanten Kennzahlen wie zum Beispiel EBITA, Reduzierung von Verwaltungskosten, Umsatzrentabilität, Gesamtkapitalrentabilität, Liquidität, Produktivität, Lagerkennzahlen usw. Wahrscheinlich können Sie den Mehrwert auf Projektebene

verdeutlichen (zum Beispiel Optimierung der IT-Infrastruktur und Erhöhung der Geschwindigkeit, Konsolidierung von Anwendungen, Prozessverbesserung in der Produktion), aber den messbaren wirtschaftlichen Nutzen nicht in Zusammenhang mit den betriebswirtschaftlichen Kennzahlen bringen.
- Schließen Sie die Lücke durch eine Werteaussage mit quantifizierbaren Nutzen: Sie müssen weg von allgemeinen Nutzenargumenten wie Kostenreduzierung und hin zur Berechnung eines Return-on-Investments (ROI), der sich in Euro oder Dollar in einem bestimmten Zeitraum messen lässt. Hier greift die Formel
  ROI = Totalerfolg/Investitionskosten
  als langfristige Berechnung unter Einbeziehung des Totalerfolges.
- Bei der Betrachtung von Einzelinvestitionen im Rahmen unternehmerischer Tätigkeit wird grundsätzlich davon ausgegangen, dass die Rückflüsse der Investition aus einer vorangegangenen Analyse bereits bekannt sind:
  ROI = Gewinnanteil/Kapitaleinsatz.
- Ziel ist, dass die Investition auch zum Unternehmenserfolg beitragen kann, also dass eine Amortisation innerhalb der Nutzungsdauer erreicht wird.
- **Zeitkritisch** (+1 Punkt) bedeutet, dass Ihre Messkriterien zum Bestimmen des Nutzwerts für den Kunden deutliche Aufmerksamkeit auf allen Ebenen beim Kunden erreicht haben. Die Geschäftsleitungs- oder Direktionsebene ist klar vom wirtschaftlichen Mehrwert Ihrer Lösung überzeugt. Wenn der emotionale Nutzen ebenso deutlich ist, werden Sie das entsprechende Feedback erhalten. Der Kunde ist dann angenehm überrascht, dass Ihre Lösung so direkt auf die aktuellen Herausforderungen und unternehmens- oder bereichsinternen Zielsetzungen abgestimmt ist. Er schätzt Ihre Kompetenz und die Sicht aus der Kundenperspektive. Die Messkriterien sind übereinstimmend mit den Prioritäten der strategischen Ausrichtung. Sie haben den Nagel auf den Kopf getroffen und genau die Messkriterien in der Nutzenargumentation und Angebotspräsentation verwendet, die auch für den Kunden in den nächsten Monaten oder Jahren erfolgskritisch sind. Zusätzlich kann der Kunde davon ausgehen, dass die bereichs- oder funktionsübergreifende Zusammenarbeit und Kommunikation messbar verbessert wird. Durch Synergien und Austausch entstehen neue Mehrwerte wie ein verbesserter Innovationsgrad, eine Qualitätsverbesserung in der Produktion und die Prozessoptimierung in der Aufbau- und Ablauforganisation.

> Hilfreiche Fragestellungen, um mehr Einfluss auf das Geschäft des Kunden zu nehmen:
> - Wie wird der Nutzen mit vergleichbaren Projekten (beim Kunden) bisher gemessen und verfolgt (Kontrolle)?
> - Sucht der Kunde nach neuen und kreativen Ansätzen, um den von Ihnen adressierten Geschäftsbereich zu hinterfragen und messbar zu gestalten bzw. die Messbarkeit genauer vorzunehmen (zum Beispiel Vertriebscontrolling bei der Einführung von CRM-Lösungen)?

- Wie unterscheidet sich Ihr Ansatz bezüglich der Erfolgsmessung im Vergleich zu Ihren Wettbewerbern?
- Hat Ihr Ansatz zur Erfolgsmessung Ihres Angebots einen Einfluss auf die Zusammenarbeit von verschiedenen Bereichen, die vorher nicht zusammengearbeitet haben (Silo-Mentalität)?
- Sind beide Seiten bereit, Zeit, Ressourcen und Energie in die Projektdokumentation zu investieren, um auch den Mehrwert der implementierten Lösung langfristig und nachhaltig zu kontrollieren und zu quantifizieren?

Merke: Nur was man messen kann, kann man auch verbessern, und was man nicht direkt messen kann, sollte man messbar gestalten (zum Beispiel Skalen, Umfragen, Ampelsysteme usw.).

4. **Messbarkeit**
   - Problematisch (−1 Punkt) bedeutet, dass Ihre Messkriterien bzw. Kennzahlen nicht anwendungsbezogen bzw. praxisrelevant sind. Die zahlenmäßige Kontrolle über den Projekterfolg ist nur schwer zu erkennen, oder Ihre Lösung zeigt keinen deutlichen Einfluss auf das Geschäft, weil die Kennzahlen nicht relevant sind.
   - Vorhanden (0 Punkte): Kennzahlen sind erhältlich und wahrscheinlich noch etwas zu weich. Die Kennzahlen müssen den Implementierungserfolg also konkreter messen. Zumindest kann das Management durch Ihre vorgeschlagenen Messkriterien den Mehrwert einschätzen und die Bedeutsamkeit für das Geschäft aussagekräftig genug bewerten.
   - Klar messbar (+1 Punkt) bedeutet, der Kunde ist bereit, Ihnen bei der Implementierung der Überwachung zu helfen, d. h. er wird die Daten beschaffen oder zur Verfügung stellen, die Sie für Ihre Erfolgsmessung benötigen. Ihre Zahlen messen klar und genau den Projekterfolg und spiegeln den Fortschritt zu jeder Zeit wider.

Hilfreiche Fragestellungen, um den Erfolg besser zu messen:
- Kennen Sie die relevanten Informationen, die der Kunde für die Erfolgsmessung wünscht?
- Sind die Erfolgsfaktoren identifiziert?
- Bis zu welchem Grad können die Erfolgsfaktoren kontrolliert und gemanagt werden?
- Sind die Messkriterien überwiegend „weich" oder „hart"?

- Wissen Sie, wie Sie die Information des Kunden benutzen werden, wenn der Kunde diese für Sie zur Verfügung stellt?
- Wie stark ist die Bereitschaft des Kunden, in die erforderliche Bereitstellung von benötigten Informationen zu investieren, die heute in der Form nicht zur Verfügung stehen?

5. **Zeitrahmen**
   - **Unangemessen** (−1 Punkt): Der beabsichtigte Kaufzeitpunkt des Kunden liegt unverhältnismäßig weit in der Zukunft. Im Vergleich zu bestehenden Erfahrungswerten in Ihrem Verkaufstrichter-Management überschreitet die Verkaufsmöglichkeit den üblichen Rahmen (Angebots-Abschluss-Zeitraum).
   - **Verhältnismäßig** (0 Punkte) bedeutet, der voraussichtliche Abschlusszeitpunkt (zum Beispiel beabsichtigte Auftragsvergabe oder Vertragsunterzeichnung) liegt im üblichen Entscheidungszeitraum für vergleichbare Projekte (zum Beispiel 3-6 Monate in der IT-Branche oder 8 Wochen in der Weiterbildungsbranche).
   - **Umgehend** (+1 Punkt): Der Entscheidungszeitpunkt für dieses Projektangebot liegt in sehr naher Zukunft und es wird schneller entschieden als üblicherweise.

Hilfreiche Fragestellungen, um den Zeitrahmen einzuschätzen:
- Wann plant Ihr Kunde die Erstinstallation? Gibt es eine Teststellung?
- Wann sollen die Entscheidung und die Auftragsvergabe erfolgen?
- Wie soll die Lösung implementiert werden, und welche Pläne gibt es für die Anlieferung und die Verteilung auf etwaige Niederlassungen bei einer zentralen Anlieferung?
- Wie hoch ist das Budget für dieses Jahr und welcher Teil des Projekts müsste eventuell auf das Budget im nächsten Jahr bzw. ein abweichendes Geschäftsjahr verteilt werden?
- Wann endet das Fiskaljahr des Kunden?
- Wer unterschreibt den Auftrag, und gibt es eine Auftragsbestätigung (Purchase Order Number) des Kunden (zum Beispiel durch den Zentraleinkauf)?
- Wann wird die Bestellung platziert (bei elektronischer oder schriftlicher Bestellung)?
- Wie laufen der Entscheidungsprozess (Dauer) und der Zyklus ab?
- Wird das Budget gesamthaft vergeben oder auf verschiedene Stufen oder Projektteile aufgeteilt?

6. **Mittelbeschaffung**
   - **Keine Beschaffungsmittel** (−1 Punkt) bedeutet: Das Budget ist zu klein, nicht vorhanden oder muss noch bereitgestellt werden. Möglicherweise gibt es Budgetkürzungen, die den Umfang des Projekts kürzen werden, oder das Budget wird für ein wichtigeres Projekt verwendet. Häufig werden Budgetkürzungen auch benutzt, um den Preis zu drücken oder den Leistungsumfang auf das Nötigste zu reduzieren. Verhandelt wird dann der Zusatznutzen, der eigentlich nicht im Preis enthalten ist.
   - **Adäquates Budget** (0 Punkte): Der Budgetrahmen ist ausreichend, um das Vorhaben wie im Angebot beschrieben, durchzuführen. Die Quelle für die Mittel ist Ihnen bekannt und die Priorität ebenso.
   - **Ausreichende Mittel** sind reserviert (+1 Punkt) und der Budgetrahmen ist ausreichend hoch. Er lässt Spielraum für eine höhere Ausbaustufe oder zusätzliche Servicedienstleistungen. Durch die Präsentation eines Szenarios (Business Case) könnte zusätzliches Budget, gegebenenfalls von anderen Projekten, hinzugewonnen werden.

> Hilfreiche Fragestellungen, um das Budget zu bewerten:
> - Wie hoch ist das Budget für die Abteilung, in der Sie anbieten?
> - Wie viel des Jahresbudgets ist verbraucht?
> - Wo steht der Kunde aktuell mit seinen Umsatzzielen und Profitergebnissen?
> - Gibt es externe Mittelbeschaffungsmöglichkeiten?
> - Entwickelt sich das Budget der Abteilung/des Geschäftsbereichs positiv oder negativ?
> - Müssen die Anschaffungskosten und/oder die Return-on-Investment-Anforderungen gerechtfertigt werden?
> - Ist die Beschaffung eine Anlage (Kapitalanlage), eine Investition in die Wettbewerbsfähigkeit (zum Beispiel Training) oder eine pure Kostenposition (zum Beispiel Dienstfahrzeug)?
> - Ist die Anschaffung als umsatzsteigernde oder kostenreduzierende Maßnahme geplant?
> - Was ist der treibende Motivationsfaktor: Kostensenkung, Technologie, Service-Level, neue Dienstleistung, Akquisition, Diversifizierung, Umstrukturierung, Kontrollmöglichkeiten?
> - Was sind die wichtigsten Finanzkennzahlen des Kunden zur Überwachung der Beschaffung?

7. **Angemessene Unterstützung durch die Geschäftsleitung**
   - **Nicht vorhandene Glaubwürdigkeit** (−1 Punkt): Es gibt keine glaubwürdige unterstützende Stellung der Geschäftsleitung. Es wurde noch keine Beziehung zum Top-Management auf angemessener Ebene hergestellt bzw. es wurde noch keine

Verbindung zwischen der Investition und einem glaubwürdigen Beitrag zur Verbesserung des Geschäftserfolgs präsentiert.
- **Sich entwickelnde Glaubwürdigkeit** (0 Punkte) bedeutet, dass eine Glaubwürdigkeit seitens der Geschäftsleitung des Kunden besteht. Er vertraut zu Recht auf den Zugewinn und Nutzen durch die bevorstehende Lösung Ihres Angebots, jedoch können Sie dies nicht als unterstützenden Einfluss auf den Kaufentscheidungsprozess positiv nutzen.
- **Erreichtes Sponsorship** (+1 Punkt) bedeutet, dass Sie einen starken Austausch mit der entscheidenden Managementebene aufgebaut haben. Die Beziehung wird auch seitens der Geschäftsleitung des Kunden als wertvoll und im Zusammenhang mit kritischen Geschäftsangelegenheiten als nutzbringend eingestuft. Sie haben die Glaubwürdigkeit eines starken Geschäftspartners erreicht und können das Management als Sponsor und Unterstützer für Ihr Projektangebot im Verkaufsprozess nutzen.

Hilfreiche Fragestellungen, um die notwendige Unterstützung des Top-Managements zu bekommen:
- Wann treffen Sie oder andere Kollegen die Geschäftsleitung, und was wird dort präsentiert bzw diskutiert?
- Zu welchen Stellen in der Organisation haben Sie regelmäßige Kontakte, und in welche Ebenen müssen Sie noch vordringen?
- Wird die Entscheidung für Ihr Angebot auf der Geschäftsleitungsebene getroffen und unterschrieben?
- Haben Sie eine glaubwürdige Beziehungsebene zum Management des Kunden, die Ihnen hilft, Ihre Projekte erfolgreich durchzuführen?
- Wird die Entscheidung von einem Entscheider oder mehreren Entscheidern getroffen?
- Wie wurden Entscheidungen in dieser Angebotsgröße bisher entschieden?
- Gab es Überraschungen in den letzten Entscheidungssituationen?
- Wer hat ein Vetorecht?
- Welche weiteren Gesellschafter mit Einfluss gibt es (ausländische Investoren)?
- Ist der Kaufentscheidungsprozess klar vom Kunden geregelt (zum Beispiel nach Budgetgrößen), und ab welcher Größe muss ein Mitglied der Geschäftsleitung mitentscheiden?

---

8. **Zukünftiger Mehrwert des Kunden**
    - **Nicht referenzfähig** (−1 Punkt) bedeutet: Der Kunde ist recht neu in der Branche und unbekannt. Als Referenz kann er zwar der Liste hinzugefügt werden, müsste aber schon durch eine besondere Implementierung auffallen, um bedeutsam für Ihre anderen Kunden zu werden.

- **Referenzfähig** (0 Punkte): Der Kunde ist in der Branche oder der Region (zum Beispiel dem Land) bekannt. Er hat eine Reputation in seinem Segment und wird von Industrieanalysten positiv gesehen und bewertet.
- **Gute Referenz** (+1 Punkt): Der Kunde wird als Marktführer in seiner Industrie und als Innovationsunternehmen gesehen. Der Bekanntheitsgrad der Marke geht über die Landesgrenze hinaus. Andere Wettbewerber versuchen zu dieser Nr. 1 oder Nr. 2 aufzuschließen. Der Name auf Ihrer Referenzliste wird hilfreich bei der Akquise von weiteren wichtigen Unternehmen sein und zählt somit als Mehrwert für Ihr Unternehmen. Es könnte auch ein Wettbewerbsvorteil für Sie gegenüber Ihren Wettbewerbern sein, wenn Sie für dieses anerkannte Unternehmen bereits tätig wurden.

Hilfreiche Fragestellungen, um wichtige Referenzkunden für Ihre Referenzliste zu gewinnen:
- Welchen Marktanteil hat das Unternehmen in seiner Branche, und wie hat sich der Marktanteil über die letzten Jahre entwickelt?
- Wie gut ist die Reputation über das Unternehmen, und wie könnte das nützlich für Ihre Referenzliste sein?
- Was macht das Unternehmen interessant für Ihre Referenzliste?
- Müssen Sie das Unternehmen unbedingt gewinnen, um in der Branche Fuß zu fassen?
- Welche Verbindungen gibt es auf der Vorstandsebene Ihres Kunden und weiteren potenziellen Kunden in der zukünftigen Akquise?
- Hat Ihr Ansprechpartner auf Geschäftsleitungsebene einen Einfluss auf diese Personen, und ist er eventuell Vorsitzender in einem Branchenverband oder Expertengremium?
- Welchen Schaden könnte dieses Geschäft mit dieser wichtigen Referenz für Ihren Wettbewerb bedeuten? Wie hoch ist Ihr Vorsprung durch diesen Referenzkunden?
- Welche signifikanten Veränderungen wird Ihr Unternehmen vornehmen (zum Beispiel Prozesse, Kundenorientierung und Lösungsverkauf), um diesen Marktführer zu gewinnen?

Schlussbemerkung:

Können Sie in der Bewertung dieser Fragen mehr als vier Punkte erreichen, so haben Sie gute Voraussetzungen, um den Kunden zu gewinnen, denn die bestehende Kundenbeziehung hat bereits eine belastbare und glaubwürdige Vertrauensbasis. Sie können somit Mehrwert für den Kunden schaffen.

Sollten Sie weniger als einen Punkt haben, stellt sich die Frage, ob Sie ausreichend Zeit haben, um noch einen wichtigen Mehrwert für den Kunden zu identifizieren, um diese Verkaufsmöglichkeit in absehbarer Zeit für Ihr Unternehmen zu gewinnen.

Tab. 6.2 Checkliste Nutzenangebot

1. Voraussetzung für einen Kundennutzen	
Status:	
nicht vorhanden	O (0 Punkte)
schwach	O (1 Punkt)
wird besser	O (2 Punkte)
solide	O (3 Punkte)
2. Wettbewerbssituation	
Status:	
benachteiligt	O (0 Punkte)
gleich	O (1 Punkt)
vorteilhaft	O (2 Punkte)
klar dominant	O (3 Punkte)
3. Politische Verbindung	
Status:	
nicht verbunden	O (0 Punkte)
schwankend	O (1 Punkt)
wird besser	O (2 Punkte)
stark	O (3 Punkte)
4. Prognose für die Verkaufschance	
Status:	
hohes Risiko	O (0 Punkte)
unklar	O (1 Punkt)
risikobehaftet	O (2 Punkte)
sicher	O (3 Punkte)
Gesamtpunktzahl:	....

Für den Fall, dass Sie mehr als vier Punkte haben, sollten Sie im Verkaufsprozess weiterschreiten und sich die Frage stellen, wie stark Ihre Vorteile der angebotenen Lösung und Ihres Unternehmens gegenüber einer Wettbewerbslösung gewichten (siehe Checkliste Nutzenangebot, Tab 6.2). Überwiegen Ihre Vorteile, stellt sich die letzte Frage, ob das ganze

Verkaufsteam zusammen gut aufgestellt ist, um den Kunden auf den wichtigen Entscheiderebenen zu beeinflussen und die Lösung entsprechend der individuellen Bedürfnisse der Personen und der Geschäftsbereiche als Mehrwertlösung zu präsentieren. Dazu muss das Team klar auf die Akquisestrategie für den Kunden ausgerichtet sein.

Ansonsten ist es jeweils in den vier Stufen nicht sinnvoll, weitere Zeit oder Ressourcen zu investieren sondern sich um alternative Verkaufschancen zu kümmern. Die Situation sollte weiter beobachtet werden. Falls sich die Voraussetzungen positiv für Sie verändern, so steigen Sie wieder in den Prozess ein.

> Mit einer Gesamtzahl von acht Punkten haben Sie Ihre Hausaufgaben gemacht und Ihre Chancen sind deutlich vorhanden, dem Kunden einen Nutzen bieten zu können und den Abschluss zu erhalten.

6.2 Kundennutzen und Mehrwertfaktoren

Der Kundennutzen ist ein zentraler Faktor im Verkaufsgespräch. Insbesondere in den Verkaufsstilen Beratungsverkauf (consultative selling), Lösungsverkauf (solution selling) und Beziehungsverkauf (relationship selling) ist es sinnvoll, sich die Kategorien und einzelnen Elemente des Kundennutzens genauer anzusehen (s. Abb. 6.1), um eine maximale Wirkung im Gespräch zu erreichen.

Abb. 6.1 Die Unterkategorien und Elemente von Kundennutzen (T. Menthe)

Das Schaubild zeigt die Unterteilung in
- Anbieterimage
- Mehrwertfaktoren und
den bekannten - Produkt-/Leistungsnutzen.

Während das Anbieterimage ca. 20 bis 25% ausmacht, entfällt der wesentliche Teil etwa gleich stark auf die anderen beiden Kategorien. Die Basisfaktoren umfassen den technischen, funktionalen, ökonomischen, strategischen und psychologischen Nutzen. Die Mehrwertfaktoren verdeutlichen den Zusatznutzen im Bereich des Informationsgewinns, Beziehungsnutzen, Belohnung und weitere funktionelle Mehrwerte, die im Standard-Produkt-/Leistungsnutzen nicht abgedeckt sind. Beispielsweise ist der funktionale Basisnutzen einer Bohrmaschine das Drehmoment und die Funktion Schlagbohren. Der funktionelle Zusatznutzen (Mehrwertfaktor) könnte beispielsweise ein einhülsiges Schnellspannbohrfutter mit Auto-Lock sein, welches einen schnellen Werkzeugwechsel garantiert. Mit dem Softgrip liegt die Schlagbohrmaschine gut in der Hand (emotionaler Zusatznutzen). Ein psychologischer Produktnutzen könnte die ruhige Arbeitsweise sein (geringe Dezibel-Werte). Die Marke schafft ebenso einen psychologischen Nutzen (z.B. Hilti als Prestigeobjekt) oder eine Belohnung als Mehrwertfaktor, weil man sich nach ein paar Low-cost-Bohrmaschinen nun etwas Hochwertiges leistet.

6.3 Die Mehrwertaussage im Verkaufsalltag

Ihre Kunden befinden sich in einem umkämpften Wettbewerbsumfeld. Sie müssen in dieser Marktumgebung finanziell stark sein und Ihren Kunden wiederum Mehrwert bieten, um bestehen zu können. Ihre Verantwortung im Verkauf ist es, dieses Geschäftsumfeld zu kennen, um das bestehende Existenzrisiko des Kunden bewerten zu können und den versprochenen Mehrwert Ihres Angebots in messbarem Nutzen darzustellen. Welchen Mehrwert können Sie zu den kritischen Erfolgsfaktoren des Kunden beitragen, der dessen Kunden wiederum erfolgreicher machen wird? Nur wenn Sie dieses Verständnis haben, werden Sie mit Ihrem Verkaufsansatz erfolgreich am Markt agieren können.

Unserer Einschätzung nach verstehen maximal 20 % aller Verkäufer die kritischen Erfolgsfaktoren des Kunden, können die Brücke und die Verbindung zu ihrem Angebot herstellen und eine taktische, vertrauenswürdige Kundenbeziehung aufbauen, um dauerhaft mit dem Kunden profitabel zusammen arbeiten zu können. Wenn Sie dieses Verständnis haben, können Sie den wirtschaftlichen Nutzen in den Augen des Kunden überzeugend präsentieren. Sonst werden Sie mit hoher Wahrscheinlichkeit mit Schrot schießen und das Ziel verpassen. Insbesondere im Key-Account-Management geht es darum, Streifschüsse zu vermeiden und mit dem Lasergewehr vorher sauber zu zielen, um einen Treffer mit dem ersten Schuss zu landen. Der Wert für den Kunden und der Wert des Kunden für Ihre Verkaufstätigkeit und für Ihr Unternehmen wächst von Produktangeboten hin zu

Anwendungen, den Kundenlösungen und erreicht schließlich die höchste Stufe: den Nutzen für den Kunden in seinem Branchenumfeld.

Gute Verkäufer kümmern sich um ihre Kunden. Überdurchschnittliche Verkäufer analysieren den Kunden ihres Kunden, um dessen Markt sowie Herausforderungen zu verstehen, um dann mit neuen Angeboten dem Kunden behilflich zu sein, diese Herausforderungen in seiner Branche mit ihrer Hilfe schneller lösen zu können. Lernen Sie also den Kunden bzw. die Kundenzielgruppe Ihres Kunden kennen, damit Sie verstehen, wie er mit Ihrer Hilfe Mehrwert (zum Beispiel Service, Innovation, Schnelligkeit usw.) für diese Zielgruppen bieten kann.

6.3 Die Mehrwertaussage im Verkaufsalltag

Übung
Notieren Sie zu den folgenden fünf Erfolgskriterien eines Unternehmens Ideen und Aspekte, die
- Ihren Kunden erfolgreicher machen,
- seinen Mehrwert für dessen Kunden erhöhen,
- die Wettbewerbsfähigkeit Ihres Kunden steigern können.

1. **Kriterium „Kultur":**
   ....
   ....
   (zum Beispiel Mitarbeiterzufriedenheit, soziales Engagement, Umweltbewusstsein, Teamarbeit)

2. **Kriterium „Wirtschaftlicher Nutzen":**
   ....
   ....
   (zum Beispiel Kostenreduzierung, Supply-Chain-Prozess, Fehlerreduzierung, Return-on-Investment (ROI), Return-on-Equity (ROE), Ausfallsicherheit, Sicherheit)

3. **Kriterium „Produkte und Technologien":**
   ....
   ....
   (zum Beispiel Packservice, Garantien, Produktqualität, Reaktionszeiten, Automatisierungsgrad, Produktionsgeschwindigkeit)

4. **Kriterium „Industrieposition":**
   ....
   ....
   (zum Beispiel Time to Market, Markenbildung, Innovation, E-Procurement)

5. **Kriterium „Kunden- und Lieferantenmanagement":**
   ....
   ....
   (zum Beispiel Beratung, 24 × 7-Kundenhotline, Informationsmanagement, Schulung, Kundenzufriedenheit, Beschwerdemanagement, Lieferantenbewertung)

Glaubwürdigkeit im Kopf des Kunden herzustellen, hängt direkt mit Ihrer Fähigkeit zusammen, einen Mehrwert für Kunden überzeugend darzustellen. Je genauer Sie Ihre Vorarbeit gemacht haben, desto präziser und treffsicherer werden Ihre Nutzenargumente sein.

In diesem Zusammenhang werden wir im Folgenden über wichtige Ausprägungen einer formulierten Mehrwertaussage (Value Statement) sprechen:

Die Mehrwertaussage drückt eine relevante, marktorientierte und branchenspezifische Begründung aus. Sie spiegelt Ihr Verständnis der aktuellen Branche des Kunden und die Bedürfnisse, Herausforderungen, Risiken und Chancen wider. Die Komponenten der Mehrwertaussagen sind Glaubwürdigkeit, der messbare Einfluss auf das Geschäft des Kunden und die allgemeine Verbesserung seiner Situation auf Team-, Abteilungs-, Geschäftsbereichs-, regionaler oder unternehmensweiter Ebene. Die Mehrwertaussage fokussiert den Markt des Kunden und stellt eine bedeutsame Aussage dar. Sie kreiert Neugierde und Wissensdurst seitens des Kunden. Und für den Verkäufer, als wertorientiertem Profi, ist sie ein „Interessewecker", mit dem er die richtigen Kundenmeetings bekommt.

Mehrwert durch quantifizierbare Nutzenaussagen

In den meisten Angebotspräsentationen findet man zu viele Informationen über das eigene Unternehmen und das eigene Angebotsportfolio. Den Kunden interessiert lediglich das ausgewählte Leistungsspektrum für seine aktuelle Thematik und zum Schluss eventuell ein Ausblick auf weitere Möglichkeiten in einer längeren Zusammenarbeit. Letzteres ist jedoch in vertiefenden Gesprächen mit herausfordernden Auswirkungsfragen zu erarbeiten und sollte dann in ein neues Angebot eingearbeitet werden.

Gute Geschäfte/Projekte sind die, bei denen alle Partner einen Mehrwert generieren. Dementsprechend müssen Sie in den Themen Wertediskussion und Präsentation des Mehrwerts sattelfest sein.

> Die zentrale Frage lautet:
> *Welchen Mehrwert in Zahlen (Euro Kosteneinsparung, Zeiteinsparung etc.) können Sie wodurch bis wann erzeugen, und wie ist das Ergebnis bzw. sind die Fortschritte messbar?*

Das Value Statement dient als Vorbereitung für die Angebots- und Nutzenpräsentation. Sie benötigen also Zahlen des Kunden aus Bilanzen, Geschäftsberichten oder von Ihren Kontakten im Unternehmen, um den Mehrwert messbar zu machen.

Die Struktur:

Mit Beginn zum ... *(Implementierungsdatum)* ..., als Resultat von ... *(unserer Lösung)* ..., wird ... *(Kunde)* ... in der Lage sein, ... *(was zu machen)* ..., mit dem Ergebnis, dass ... *(quantifizierbare Geschäftsverbesserung)* ..., durch die Investition von ... *(Gesamtinvestition)* ... und einem ROI von ... *(Betrag und Zeitpunkt)* ... zu realisieren.

Wir werden den Wert unserer Lösung messen, indem wir ... *(System der Resultatsaufzeichnung/Messmethode)* ... verifizieren.

Das Beispiel:

„Mit Beginn zum *01.01.2012*, als Resultat von *Cisco's skalierbarer IT-Infrastruktur*, wird *die Muster GmbH* in der Lage sein, *ihre E-Procurement-Vorhaben umzusetzen*, mit dem Ergebnis, dass *5 % der Lohn- und Prozesskosten* durch die Investition von *700.000 €* und einem ROI von *1.200.000 € bis 2013* realisiert werden können.

Wir werden den Wert unserer Lösung messen, indem wir *gemeinsam die Einsparungen zum Ende Ihres Geschäftsjahres bewerten/verifizieren.*"

Diesen Wertevorschlag gilt es, für jedes Kundenprojekt vorzubereiten und bei der Präsentation mit entsprechenden Fakten zu belegen. Rechnen Sie mit Rückfragen zu Ihrem Angebot und Sie werden erkennen, dass solch ein Wertevorschlag starke Aufmerksamkeit erzeugt. Sie können auf diese Weise eine wertvolle Diskussion mit dem Kunden in Gang setzen und sich klar vom Wettbewerb differenzieren.

Der gesamte Prozess gliedert sich somit in sechs Stufen

1. **Kundenprofil:**

Was müssen wir über den Kunden und das Projekt wissen?
Was sind die Erfolgskriterien, um es zu gewinnen?
Wie sieht der Wertevorschlag aus (Value Statement)?

2. **Ziel:**

Was müssen wir erreichen?
Inwieweit hilft uns dieses „neue Projekt", den Kunden zu entwickeln?
Was sind die Ziele im Hinblick auf Umsatz, Margen, Deckungsbeitrag etc.?

3. **Strategie:**

Wie sieht unser Ansatz aus (Lösungskomponente und politische Komponente)?

4. **Taktik**

Was tun wir, um die Kundenstrategie und die Ziele zu erreichen (Ausbau, Verteidigung etc.)?

5. **Ressourcen:**

Mitarbeiter, Zeit, Geld, Ausrüstung, Information, Räumlichkeiten

6. **Test**

Wie wird der Test erfolgreich bzw. was muss verhindert werden?
Wie sieht der Rückkopplungszyklus aus?
Setzen wir Six-Sigma-Qualitätssicherung im Anschluss ein?

6.4 Das Mehrwertversprechen

Das Mehrwertversprechen beinhaltet eine messbare, projekt- oder geschäftsbereichsorientierte und finanzrelevante Nutzenaussage. Diese rechtfertigt die notwendige Investition und begründet den wirtschaftlichen Mehrwert für den Kunden. Mit der genau beschriebenen Lösung und den Erfolgsfaktoren kann der Kunde einen wirtschaftlichen Nutzen erzielen, der sich auch konkret messen lässt. Und es wird nachvollziehbar, was Sie behaupten und wie genau Sie auf die Umsetzung vorbereitet sind.

– Haben Sie sich mit den Bedürfnissen des Kunden genau auseinandergesetzt?
– Haben Sie Ihre Lösung optimal auf diesen Bedarf abgestellt?
– Haben Sie diesen Kundennutzen quantifizierbar gemacht?

Das Mehrwertversprechen ist immer kundenspezifisch und wird gemeinsam mit dem Kunden in der Angebotsphase entwickelt. Es beschreibt in einer logisch aufgebauten

Struktur den möglichen Vorteil und konkreten Nutzen sowie die möglichen Nutzenpotenziale für sein Unternehmen. Diese Nutzen werden sodann messbar gestaltet (zum Beispiel Kosteneinsparung in Euro, Verbesserung der Kundenzufriedenheit resultiert in Umsatzwachstum oder Abnahme der Wechslerquote usw.).

Mit dem Mehrwertversprechen entwickeln wir eine wertorientierte Geschäftsbeziehung, die über die normalen Vorteilsargumentationen und Vorteilsversprechen hinausgeht, weil der Effekt direkt messbar für den Kunden dargestellt wird. Es befähigt den Verkäufer, eine überdurchschnittliche Lösung zur Verbesserung der Kundensituation darzubieten. Dabei werden zentrale Fragen beantwortet, wie schnell eine Optimierung eintrifft, um wie viel sich das Ergebnis voraussichtlich verbessern wird und wie es genau nachvollziehbar überwacht werden kann.

> Das Mehrwertversprechen hat sechs wesentliche Komponenten:
> 1. Zeit
> 2. Lösung
> 3. Quantifizierbare Geschäftsverbesserung
> 4. Investitionskosten
> 5. Return-on-Investment (ROI) und die
> 6. Kennzahlen, um das Ergebnis kontinuierlich zu kontrollieren.

> Kennzahlen für eine mehrwertorientierte Diskussion:
> 1. Kostenreduzierung
> 2. Produkteinführungszeit (Time to Market)
> 3. Risikoreduzierung
> 4. Neue Umsatzströme
> 5. Marktanteil
> 6. Kundenzufriedenheit
> 7. Produktqualität
> 8. Produktvielfalt
> 9. Produktivität des Kapitals, der Mitarbeiter, des Vermögens
> 10. Reduzierung des Personalbestands
> 11. Mitarbeiterzufriedenheit
> 12. Finanzkennzahlen: Deckungsbeitrag, ROI, Rentabilität, Liquidität, EBIT (Betriebs--ergebnis vor Steuern) usw.

Die Anwendungsmöglichkeit eines Wertes besteht darin, eine beeindruckende, personenorientierte und auf persönlichen und unternehmensspezifischen wie auch politischen

6.4 Das Mehrwertversprechen

Informationen basierende Formulierung zu kreieren, die dem Kunden im Anwendungsfall einen klaren, individuellen, emotionalen und rationalen Grund gibt, den Vorschlag mit Ihnen umzusetzen.

Die Anwendung des formulierten Kundennutzens soll dem Entscheider bzw. Gesprächspartner zwei Gründe geben, sich für Ihr Angebot zu entscheiden:
1. Ihre Lösung bietet dem Unternehmen einen Wettbewerbsvorteil finanzieller oder technologischer Art.
2. Dem Entscheider wird sein persönlicher, individueller Nutzen deutlich (zum Beispiel Prestige, Stellung im Unternehmen, Anerkennung usw.).

Zusätzlich zeigen Sie damit, wie sehr Sie sich auf individueller Ebene Gedanken gemacht haben und gegebenenfalls bereit sind, ein gemeinsames Risiko zu teilen.

Anwendungsmöglichkeiten finden entsprechend der Tab. 6.3 auf den Ebenen Top-Management, mittleres Management und der operativen Umsetzung statt. Wir trennen den Mehrwert hier wiederum in den Bereich des rationalen bzw. wirtschaftlichen Nutzens und den emotionalen Nutzen.

Der **rationale Nutzen** umfasst in einer geschäftlichen Mehrwert-Aussage zum Beispiel die Unternehmensphilosophie, die Kultur, die geschäftlichen Herausforderungen, technische Anwendungen oder den technischen Service.

Der **emotionale Nutzen** beinhaltet zum Beispiel auf der persönlichen Anwendungsebene die Denkweise und Werte einer Person, die persönlichen Interessen und die beruflichen Ziele eines Entscheidungsträgers.

Auf der Top-Managementebene kann sich die Anwendung eines Mehrwerts beispielsweise auf die Expansionsstrategie oder die Verbesserung des Unternehmensimage fokussieren.

Auf der mittleren Managementebene können die Gesamtkosten, die Implementierung einer neuen Technologie, der Neubau oder die Qualitätssteigerung im Vordergrund der Mehrwert-Anwendung stehen. Karriere und Macht sind vielleicht persönliche Interessen des Ansprechpartners.

Auf der operativen Ebene steht zum Beispiel die Verfügbarkeit einer Dienstleistung oder IT-Infrastruktur im Vordergrund der Mehrwertanwendung. Ebenso die Verbesserung der Kommunikation mit dem Kunden durch eine Bestellhotline oder einen 24×7 Support. Emotionale Anwendungen können zum Beispiel die Anerkennung des Entscheiders als technischer Experte sein, das Bedürfnis nach Profilierung oder Bequemlichkeit im Tagesgeschäft.

Denken Sie an die relevanten Personen des Buying-Centers. Je besser Sie deren Interessen und Ziele mit Ihrem Mehrwert-Versprechen treffen, desto wirkungsvoller ist Ihr Auftreten, desto begehrter sind Sie als Partner.

Tab. 6.3 Mehrwert-Anwendungsmöglichkeit

Ebene	Basis der Geschäftsentscheidung	Zeitorientierung	Beweggrund
Top-Management	Shareholder-Value	1–5 Jahre	Bedeutung, Anerkennung des Vorstands
	zum Beispiel langfristige Strategie, Image	zum Beispiel 3 Jahre	zum Beispiel persönlicher Ruf
Mittleres Management	Return on Investment	3–15 Monate	Vorzeigeprojekt des Bereichsleiters
	zum Beispiel Budget, Realisierung, Kosteneinsparung	zum Beispiel 1 Jahr	Karriere des IT-Direktors
Operationale Umsetzung	Preis/Leistung	1–3 Tage	Tagesgeschäft
	zum Beispiel Funktionalität, Handhabung, Budget verbrauchen, Arbeitsumgebung	Heute	Bequemer Job, kein Stress des Technikers/Einkäufers

Nutzenorientierte Fragetechniken 7

Um im Verkauf erfolgreich zu sein, sollten Verkäufer potenzielle Einkäufer und Entscheider motivieren können, damit sie Entscheidungen treffen. Gleichzeitig müssen wir als Verkäufer auch berücksichtigen, dass Menschen verschiedenartig motiviert sind. Während manche Personen motiviert sind, für eine weitere Goldmedaille zu rennen (Hin-zu-Motivation), werden mindestens 60 % der Menschen versuchen, vor einem Hund wegzurennen (Weg-von-Motivation). Durch Fragen erfahren wir mehr über individuelle Motive (Primär-/Sekundärbedürfnisse) und Kaufkriterien, um beide Typen von Käufern zu motivieren. Durch die individuell auf Bedürfnisse abgestimmte Mehrwertpositionierung können die Anzahl der einzelnen Nutzenargumente Ihres Produkts, Ihrer Systemlösung oder Ihres Dienstleistungsangebots verdoppelt und die Erfolgswahrscheinlichkeit für den Abschluss erhöht werden.

> Fragen Sie sich zum erfolgreichen Abschluss!

Fragen ergeben sich in jeder Phase des Verkaufsprozesses. Fragen sind das wichtigste Mittel, um das Problembewusstsein, die Schlüsselfaktoren und Kaufmotive sowie die Entscheidungskriterien des Partners zu ergründen. Gezieltes Fragen trägt wesentlich zum Gleichgewicht der Aktivitäten zwischen Ihnen und Ihrem Gesprächspartner bei.

Genauso wichtig ist konzentriertes, aktives Zuhören. *Konzentriert* zuhören heißt, aufmerksam hören und verstehen, was der andere sagt. *Aktiv* zuhören heißt, dem Gesprächspartner verbal (zum Beispiel „ich verstehe") oder per Körpersprache (zum Beispiel Kopfnicken) zu signalisieren: „ich höre dir zu", „ich will dich verstehen", „du und deine Sichtweise interessieren mich" usw. Damit helfen Sie Ihrem Gesprächspartner, das zu sagen, was er wirklich sagen möchte, und Sie erweitern und vertiefen den Gesprächsinhalt.

Nun gibt es eine ganze Reihe unterschiedlicher Fragetechniken (siehe Tab. 7.1):

Tab. 7.1 Fragetechniken mit Beispielen

Art	Beispiel	Problem
Alternativfragen	Zwischen verschiedenen Dingen wählen lassen: „Passt Ihnen Donnerstag besser oder nächste Woche Montag?"	
Gegenfragen	Als Reaktion auf eine Behauptung: – Kunde: „Der Preis ist viel zu hoch." – Gegenfrage: „Im Verhältnis wozu?" Als „Motiv-Ergründung" für eine vom Kunden gestellte Frage: – Kunde: „Gibt es Ihre Maschine auch mit Rechts-/Links-Drehung?" – Gegenfrage: „Für welche Anwendung möchten Sie die Rechts-/Links-Drehung einsetzen?"	
Geschlossene Fragen	„Darf ich Ihnen unsere Bohrmaschine einmal vorführen?"	Kunde kann mit JA oder NEIN antworten. Chance für ein NEIN ist hoch.
	„Inwieweit …?" ist eine gute Alternative – zur Kontrolle des bisherigen Gesprächsverlaufes – als Steuerfrage, um den Gesprächspartner in eine bestimmte Denkrichtung zu führen	
Provozierende Fragen	Um festgefahrenen Gesprächen eine Wende zu geben: „Spielt denn wirklich nur der Kaufpreis eine Rolle?" Achtung: – Provozierende Fragen müssen frei von emotionalem Druck vorgebracht werden. – Grundsatz: Je provozierender der Inhalt – umso mehr lächeln! (Freundlichkeit, positive Grundhaltung muss aufgebracht werden, sonst: Peng!)	
Rhetorische Fragen	Sollen Aufmerksamkeit erzeugen. Man erwartet keine Antwort, sondern gibt diese selbst. „Wissen Sie wie viele Menschen an Karies leiden? Es sind 72 % aller Einwohner Deutschlands."	
	Die Frage heißt nun: „Wie könnte man das ändern?"	Frage wird unmittelbar vom Fragesteller selbst beantwortet. Partner wird nicht aktiviert.
Suggestivfragen	Die Antwort wird dem Partner „eingeschoben":	
	„Sie wollen doch sicher auch, dass …?"	Partner lehnt sich gegen die unterschwellige Behauptung auf
Streitfragen	Wollen Sie etwa damit andeuten, dass die Maschine nicht wirtschaftlich ist?	Partner wird durch provozierende Fragestellung gereizt
Übereinstimmungsfragen	Zur Prüfung der gegenseitigen Übereinstimmung: „Trifft das auch auf Ihren Betrieb zu?"	

7.1 Die offene Frage

Die meisten Fragen sind verkäuferisch nicht zu verwerten. Ihre Fragen sollen schließlich Ihren Gesprächspartner positiv aktivieren und sie sollen zielgerichtet sein. Wir empfehlen daher, sich auf folgende drei Fragetechniken zu konzentrieren:

- offene Fragen,
- reflektierende Fragen,
- richtungsweisende Fragen.

7.1 Die offene Frage

Merkmal: Ja oder Nein als Antwort sind nicht möglich. Der Partner wird aufgefordert, Stellung zu beziehen.
Wann anwenden? Hauptsächlich zum Ermitteln der Ist-Situation.

Beispiele
- Wie arbeiten Sie heute?
- Wie oft/häufig …?
- Wie funktioniert …?
- Welche Verbesserungen wünschen Sie sich …?
- Welche Erfahrungen haben Sie gemacht …?
- Wo sehen Sie Ansatzpunkte für …?
- Was ist Ihre Meinung über …?
- Was bedeutet das für Sie?
- Wie beurteilen Sie …?
- Wie sehen Sie die Vorteile, dass …?
- Wie gefällt Ihnen …?
- Was meinen Sie dazu …?
- Wie denken Sie darüber …?
- Was ist Ihnen besonders wichtig …?
- Welche Qualitätsanforderungen stellen Sie an …?
- Worauf legen Sie bei … denn den größten Wert, Herr/Frau …?
- Wann wollen Sie den Nutzen?
- Was ist denn auf Ihrer Prioritätenliste der wichtigste Punkt, Herr/Frau …?
- Wie viele Maschinen haben Sie eingesetzt?
- Welchen Teil unseres Angebotes finden Sie denn zu teuer, Herr/Frau …?
- Was ist für Sie das vorrangige Kriterium, um entscheiden zu können?
- Wer, außer Ihnen, ist an der Entscheidung noch beteiligt?
- Inwieweit können/wünschen/haben Sie …?

Bei Bestandskunden: Ach übrigens, ...
- ... aus welchem Hauptgrund kaufen Sie besonders gerne bei uns?
- ... wenn es eine Sache gibt, die Sie in der Vergangenheit ganz besonders gestört hat, was war das am stärksten Störende für Sie?
- ...was sollten wir vorrangig für Sie schnellstmöglich verbessern?
- ... auf was könnten Sie bei uns am wenigsten verzichten?
- Wenn es eine Sache gibt, für die Sie uns garantiert weiterempfehlen würden, was wäre das?
- Wenn es eine Sache gibt, für die Sie uns ganz sicher nicht weiterempfehlen könnten, was wäre das konkret für Sie?

Merken Sie sich folgende einleitenden Fragewörter für die *offene* Frage:
- Wie?
- Wo?
- Wann?
- Welche?
- Womit?
- Worauf?
- Wozu?
- Warum?
- Wer?
- Wessen?
- Wem?
- Wen?
- Weshalb?
- Was?
- Inwieweit?

Die wesentlichen Vorteile der *offenen* Frage sind:
1. Ein JA oder NEIN als Antwort ist nicht möglich.
2. Der Verkäufer zeigt Interesse an den Problemen des Kunden.
3. Sie bringt umfangreichere Informationen ein.
4. Sie gibt dem Gesprächspartner Sicherheit.
5. Der Kunde wird zum Nachdenken veranlasst.
6. Sie lockt aus der Reserve.
7. Sie enthüllt echte Einwände.
8. Sie erfahren mehr über Hintergründe, Zusammenhänge und das Umfeld.

7.2 Die reflektierende Frage

Merkmal: reflektieren (Reflexion) meint ein prüfendes und vergleichendes Nachdenken.

Ihrem Partner wird gewissermaßen ein Spiegel vorgehalten. Das, was er sagt, andeutet oder einwendet, wird von Ihnen mit anderen Worten in fragendem Ton reflektiert. Ziel ist es, den wirklichen Kern der Aussage oder Einwände kennenzulernen. Der Gesprächspartner wird seine pauschale oder harte Aussage genauer darlegen.

Wann anwenden?
1. Wenn Sie die Aussage Ihres Partners absichern möchten. Sie geben ihm zu verstehen, dass Sie den Inhalt seiner Worte verstanden haben.

Beispiel
Kunde: Hauptsächlich bohren die Monteure.
Verkäufer: Das bedeutet also, dass eine Menge unterschiedlicher Aufgaben bewältigt werden muss?

2. Wenn Sie eine zu allgemeine oder pauschale Aussage Ihres Partners genauer darlegen möchten.

Beispiel
Kunde: Na ja, hauptsächlich benötigen wir sie für den Auf- und Einbau unserer Maschinen.
Verkäufer: Dies bedeutet also, dass Sie eine schnelle und hochwertige Montage erwarten?

3. Wenn Sie den Inhalt eines Einwandes präzisieren oder abschwächen möchten.

Beispiel
Kunde: Die Maschine ist mir zu teuer.
Verkäufer: Sie geben also nur dann Geld für eine Universal-Bohrmaschine aus, wenn Sie sicher sind, dass sich eine solche Investition auch lohnt?
Kunde: Die Universal-Maschinen taugen doch nichts.
Verkäufer: Sie haben schlechte Erfahrungen gemacht?

4. Wenn Sie Zeit gewinnen wollen.
   Ihr Partner erhält Gelegenheit, einen harten, pauschalen oder nicht durchdachten Einwand zu präzisieren oder aber zu korrigieren, ohne – und das ist hierbei sehr wichtig – sein „Gesicht" zu verlieren.

Beispiel
Kunde: Ihre Leute im Kundendienst haben doch keine Ahnung!
Verkäufer: Sie meinen, dass Sie im Problemfall auf kompetente Hilfe Wert legen?

Merken Sie sich folgende typische Eingangsformulierungen der reflektierenden Frage
- Das heißt also, …?
- Demnach …?
- Das bedeutet also …?
- Sie meinen, dass …?
- Wenn ich Sie richtig verstanden habe, meinen Sie …?
- Mit anderen Worten …?
- Sie scheinen Zweifel zu haben …?
- Sie haben Bedenken …?
- Sie denken, …?
- Soll ich Sie so verstehen, dass …?
- Wenn ich jetzt Ihren Controller fragen würde, was würde er mir bezüglich der benötigten Kennzahlen sagen?

Voraussetzung für die Anwendung dieser Technik ist:
1. Sie hören aufmerksam zu. Reflektieren Sie nur das, was der Kunde auch gesagt hat.
2. Sie überlegen sich Ihre Reflexion genau. Sie darf keine Unterstellungen und Behauptungen enthalten.

Sonst kann der Eindruck beim Kunden entstehen, dass Sie sich über ihn lustig machen.
Negatives Beispiel:
Kunde: Ihre Maschine ist mir zu teuer.
Verkäufer: Wenn ich Sie richtig verstanden habe, ist Ihnen unsere Maschine zu teuer?
Die Aussage des Kunden wurde lediglich wiederholt. Reflexion muss aber das Ziel haben, mehr über die wahren Hauptgründe dieses Einwandes zu erfahren.
Also besser:
Sie meinen also, Sie können sich erst dann für diese Maschine entschließen, wenn sich der Kauf für Sie lohnt?
Daher: Achten Sie genau auf Art und Inhalt Ihrer Fragestellung (keine Papageientechnik).

Die wesentlichen Vorteile der reflektierenden Frage sind
1. Sie verhindert negatives Argumentieren.
2. Sie klärt über die wahren Gründe eines Einwandes auf.
3. Der Partner fühlt sich verstanden.
4. Der Partner berichtet sich selbst.
5. Sie nehmen Anteil (Empathie).
6. Sie lenken das Gespräch.

7.3 Die richtungsweisende Frage

Die richtungsweisende Frage zielt auf ein klares JA ab.

> **Merkmal**
> Mit dieser Art von Frage lenken Sie den Kunden auf Punkte im Gespräch, die für eine gemeinsame Verständigung die besten Voraussetzungen bieten. Sie veranlassen dadurch den Partner, selbst über den Punkt nachzudenken und sich die Vorteile selbst zu verkaufen. Das können auch Punkte sein, die im Laufe des Gesprächs bereits angeschnitten wurden und bei denen Sie festgestellt haben, dass der Partner daran interessiert ist oder Ihnen zustimmt.

Wann anwenden?

1. Gemeinsame Ausgangsbasis
   Das Gespräch wird auf einen bereits behandelten, positiven Punkt zurückgeführt, wenn:
   - das Gespräch in eine Sackgasse gerät,
   - ein vorgebrachtes Argument nicht zieht,
   - der Partner aufmerksam wird.

> **Beispiele**
> 1. Ich hatte vorhin den Eindruck, dass Sie großen Wert auf eine schnelle und präzise Montage legen.
>   Jetzt Frage anschließen: Glauben Sie, dass der Einhand-Schnellverschluss Ihre Monteure dabei unterstützt?
> 2. Ihnen gefiel vorhin, dass Sie mit der Maschine auch noch polieren und schleifen können. Frage: können Sie sich vorstellen, dass dies auch Einfluss auf die Arbeitsfreude Ihrer Monteure hat?

> **Typische Eingangsformulierungen**
> - Ihnen gefiel vorhin …
> - Sie sagten vorhin …
> - Ich hatte vorher den Eindruck …
> - Sie waren einverstanden …
> - Sie stimmten zu …

2. Neue Aspekte
   Sie lenken das Gespräch in eine neue Richtung, indem Sie Probleme, Motive oder mögliche Lösungen ansprechen.

Beispiele

Würde es Ihnen gefallen, wenn Sie mit dieser Universal-Maschine die Arbeitsfreude Ihrer Mitarbeiter steigern? Hätten Sie Interesse an einer wirtschaftlicheren Lösung Ihrer Montagearbeiten?

Typische Eingangsformulierungen
- Sie sagten soeben ...
- Sie stimmen also zu ...?
- Stellen Sie sich bitte einmal vor ...
- Welche Bedeutung hätte ...
- Was meinen Sie ...?
- Würde es Ihnen gefallen ...?
- Würden Sie es befürworten ...?
- Würden Sie es vorziehen ...?
- Hätten Sie Interesse ...?
- Wäre es interessant für Sie ...?
- Könnten Sie sich vorstellen ...?
- Glauben Sie, dass ...?

Die wichtigsten Vorzüge und Ziele der *richtungsweisenden* Frage:

1. Sie bringt wichtige Informationen, zeigt günstige Ansatzpunkte, gibt Ihnen Hinweise, in welcher Richtung ein Gespräch weitergeführt werden soll.
2. Sie hilft Ihnen, ein Gespräch auf eine gemeinsame positive Basis zurückzuführen.
3. Sie schafft Zuneigung zu Ihren Vorschlägen.
4. Sie hilft dem Gesprächspartner, sich selbst zu überzeugen. Der Partner kann leichter „JA" sagen, da er bereits zugestimmt hatte. Der Partner verkauft durch ein „JA" an sich selbst.
5. Sie schaffen eine positive Gesprächsatmosphäre.

Fragen geben Denkanstöße. Nur durch Fragen kommt ein wirkungsvoller Dialog – die Voraussetzung für einen Verkaufserfolg – zustande.

> Fragen helfen Ihnen,
> 1. Kundensituation, Probleme, Bedarf, Motive, Ansatzpunkte zu erkennen,
> 2. Gespräche gemäß Ihren Zielen zu steuern,
> 3. den Partner zu aktivieren,
> 4. schwierige Situationen im Gespräch zu überwinden.

Fragetechniken sind demnach die Basis für eine gute Verständigung. Tabelle 7.2 zeigt die Fragetechniken und Einsatzgebiete (Fragearten).

Nutzen Sie öffnende Fragen, um die Situation, Probleme, Bedürfnisse und Wünsche des Kunden zu verstehen, und geschlossene Fragen, um Entscheidungen zu erhalten. Zuhören hilft, um anschließend maßgeschneiderte Lösungen anbieten zu können. Die folgenden Fragetechniken können Sie gezielt einsetzen:

7.4 Informationsfragen (Orientierungsfragen)

Mit Informationsfragen decken Sie den vermuteten Bedarf auf und erkunden die aktuelle Situation des Kunden: allgemeine Umstände, Informationen zu Strukturen, Umsätzen, Prozessen und aktuellen Herausforderungen sowie Datenerfassung über die Anzahl der Standorte, Mitarbeiterzahlen etc.

Sie erfahren somit, welche Herausforderungen und Probleme der Kunde hat und welche Vorstellungen und Wünsche er an eine Lösung stellt. Der genaue Bedarf wird durch die folgenden Fragetechniken und die OPAL-Methode (**O**rientierungsfragen, **P**roblemfragen, **A**uswirkungsfragen, **L**ösungsfragen) identifiziert, um den Nutzen anschließend genau auf die Kaufmotive des Kunden und des einzelnen Entscheiders abzustimmen. Mit Informationsfragen erforschen Sie auch die Entscheidungsprozesse und Strukturen im Einkaufsprozess sowie Details über die Beteiligten und ihre Rollen im Buying-Center.

Damit Sie möglichst viele Informationen von Ihrem Gesprächspartner erhalten, stellen Sie offene Informationsfragen. Der Gesprächspartner liefert mit seiner Antwort zusätzliche hilfreiche Informationen. Informationsfragen sollten in einer logischen Folge so gestellt werden, dass der Gesprächspartner sich nicht ausgefragt oder gar verhört fühlt, sondern die Fragen auf seine Interessen bezogen als sinnvoll erkennt und das Frage-Antwort-Spiel bereitwillig mitmacht.

Offene Fragen sind beispielsweise:
- Was möchten Sie geändert haben?
- Wie oft bestellen Sie?
- Welche Anforderungen haben Sie an …?
- Was ist für Sie besonders wichtig im Zusammenhang mit der Auswahl eines Lieferanten?
- Wie sieht Ihre aktuelle IT-Infrastruktur aus?
- Wie machen Sie das heute?

Tab. 7.2 Fragearten und Fragetechnik

Frageart	Fragetechnik		
	offen	reflektierend	richtungsweisend
Einsatzgebiet			
Informations-/ Orientierungsfragen	x		x
Verständnis-/ Präzisionsfragen		x	
Problemfragen	x	x	x
Herausfordernde Auswirkungsfragen	x	x	x
Entscheidungsfragen	x		x

- Wie kontrollieren und visualisieren Sie heute Ihre logistischen Prozesse?
- Wie sähe aus Ihrer Sicht eine ideale Lösung aus?

Geschlossene Informationsfragen dienen einer recht genauen Antwort, wenn Sie eine exakte Information benötigen.

> **Beispiele**
> - Benutzen Sie 128-Bit- oder 256-Bit-Verschlüsselung?
> - Spielen Umweltaspekte bei Ihrer Entscheidung eine wichtige Rolle?
> - Werden Sie zur Weltmeisterschaft eine spezielle Aktion für Ihre Kunden anbieten?

7.5 Verständnisfragen

Verständnisfragen dienen der genauen Klärung. Diesen Fragentyp wenden Sie an, um sicherzustellen, dass Sie den Gesprächspartner richtig verstanden haben. Man nennt den Fragentyp auch Präzisionsfrage, um vertiefende Details zu erhalten, wenn die Antwort des Kunden ungenau formuliert wurde. Verkäufer und Berater tendieren oft dazu, Aussagen des Gegenübers zu interpretieren und glauben, den Kunden verstanden zu haben. In der Regel haben zwei Menschen auch zwei verschiedene Ansichten über eine Tatsache. Verstärkt wird das Problem noch, wenn der Verkäufer nicht richtig zuhört.

> **Beispiel für eine Verständnisfrage**
> Kunde: „Die Ausfallsicherheit der Client-Server-Landschaft soll sehr hoch sein!"
> Verkäufer: „Was verstehen Sie unter ‚sehr hoch'?"
> Kunde: „Hmm ... mindestens 98 %."

Wenn Sie nachfragen, zeigt das auch Interesse und vermittelt dem Kunden den Eindruck, dass Sie sich gut mit der Thematik auskennen. Stellen Sie also klärende Verständnisfragen, wenn Sie überprüfen wollen, ob Sie den Kunden richtig verstanden haben. Hinterfragen Sie zum Beispiel Wörter wie *schnell, leise, sicher, flexibel, zuverlässig, günstig, hohe Kapazität, leistungsstark, nachhaltig* oder *rechtzeitig*.

> **Beispiele**
> - Zuverlässigkeit ist also wichtig für Sie. Woran erkennen Sie *Zuverlässigkeit*?
> - Woran erkennen Sie, dass ein Training *nachhaltig* ist?
> - Sie sagen, Ihr Lieferant sollte *schnell* liefern können? Was heißt schnell?

Geschlossene Verständnisfragen dienen dazu, exakte Zahlen oder genaue Informationen (der Anforderungen) zu erhalten. Gehen Sie lieber sicher, bevor Sie mit Ihren Vorstellungen ein Angebot abgeben, welches dem Kunden nicht zusagt, weil er andere Vorstellungen von Ausfallsicherheit hat. Zusätzlich hat der Kunde nicht das Gefühl, ausgefragt zu werden, denn er wird Vertrauen gewinnen, weil Sie seine Aussagen aufnehmen und interessiert hinterfragen. Der Kunde antwortet also mit einer konkreten Zahl oder mit JA bzw. NEIN.

> **Beispiele**
> - Mit *kurz* meinen Sie ein Seminar, das maximal zwei Tage dauert?
> - Das heißt, wir starten mit 30 Beratungstagen für das erste Halbjahr?
> - Habe ich Sie richtig verstanden, dass 30 Tage Zahlungsziel das Minimum sind?
> - Mit 50 Telefonen können wir die Marketingabteilung komplett ausstatten?
> - Die IT-Abteilung – meinen Sie die Infrastruktur-Gruppe oder die Anwendungsgruppe?
> - Wie oft treten diese Störungen denn auf?

7.6 Problemfragen

Problemfragen führen den Kunden zum Problem. Mit diesem Fragentyp führen Sie den Kunden kurzfristig in seinen aktuellen Schmerz. Sie können selbst entscheiden, wie lange Sie mit den problemorientierten Fragen mit dem Kunden über seine aktuelle Situation und seine Schmerzen sprechen wollen. Es ist durchaus sinnvoll, dem Kunden zu verdeutlichen, dass er mit seiner aktuellen Lösung nicht zufrieden sein kann und dass Sie ihn bzw. seinen Geschäftsbereich mit Ihren Möglichkeiten aus diesem Problem befreien können. Dies wird dann durch die herausfordernden und lösungsorientierten Fragen im Anschluss erreicht.

Mit Problemfragen ermitteln Sie, wie stark „der Kittel des Kunden brennt". Nur so können Sie die Veränderungsenergie aufnehmen, um zu verstehen, wie schnell er eine Lösung benötigt und wie wichtig die Lösung aktuell ist bzw. wie hoch der Druck von einer höheren

Ebene ist, die ihn zu einer schnellen Lösung drängt. Zusätzlich soll der Fragentyp Ihnen helfen, das Problem zu verstehen und den Kontext zu klären.

> **Beispiele**
> - Welche Themen sollten im Kontext noch betrachtet/bedacht werden?
> - Welcher Personenkreis, welche Abteilungen/Schnittstellen müssen mit einbezogen werden?
> - Welche Verbesserungsmöglichkeiten vermuten Sie bei Thema X?
> - Mit welchem Budget planen Sie das Thema?
> - Wo liegen die größten Probleme/Herausforderungen, die sich aus der Lösung ergeben?

7.7 Herausfordernde Fragen

Herausfordernde Fragen beschäftigen sich mit Auswirkungen. Gute Verkäufer und Berater zeichnen sich dadurch aus, dass sie nach der Bestandsaufnahme Fragen stellen, die den Gesprächspartner veranlassen, den Sachverhalt aus einer neuen Perspektive zu betrachten. Er soll sich durch die Fragen mit Auswirkungen beschäftigen. Um diese Fragen zu stellen, sollten Sie viel über Ihr Produkt, Ihre Lösung, Vorteile und den Nutzen wissen. Kunden bevorzugen das Gespräch mit Verkäufern, die ihr Geschäft verstehen und neue Möglichkeiten aufzeigen können.

Der Verkäufer erweitert den vermuteten Bedarf, so dass dieser vom Kunden konkretisiert wird. Der Kunde soll den konkreten Bedarf nennen und sich über die Konsequenzen Gedanken machen. Damit beginnt der Kunde, sich eine Lösung selbst zu verkaufen. Es ist für Menschen viel leichter, eigene Gedanken zu akzeptieren und umzusetzen, als „fremde" Ratschläge und Vorschläge anzunehmen. Diese Fragen dienen der Anregung und sollen den Kunden veranlassen, ein realistisches Zukunftsszenario zu skizzieren.

Herausfordernde Fragen können daher auch provokant und hypothetisch sein. Es geht im Verkauf um Auswahlmöglichkeiten und Konsequenzen bei der Entscheidungsfindung. Mit den herausfordernden Fragen führen Sie den Kunden gedanklich in das Lösungsbild, so dass er sich durch Ihre Fragen über die Konsequenzen klarer wird. Das kann Bedarf weiter klären und den Handlungsdruck erzeugen. Offene herausfordernde Fragen bringen den Kunden dazu, einmal weit in die Zukunft zu blicken und die Entwicklung aus einer anderen Perspektive zu betrachten.

> **Beispiele**
> - Sie sagen, Sie möchten die „Nr. 1" in der Region werden. Wie viele Pumpen müssten Sie denn dann verkaufen?

7.7 Herausfordernde Fragen

- Welche Auswirkungen hätte es auf Ihr Geschäft, ein internationales Bier gegen eine regionale Marke auszutauschen?
- Angenommen, wir stellen von ISDN-Telefonie auf IP-Telefonie um, was würde das in Bezug auf Ihre Wartungskosten (Einsparpotenzial) pro Jahr bedeuten?
- Angenommen, Sie entscheiden sich für diese CRM-Lösung, was würde es für Sie bedeuten, wenn wir nächstes Quartal die Forecast-Genauigkeit um 10 % erhöhen könnten?
- Was wäre für Sie anders, wenn Sie mit uns zusammenarbeiten?
- Wie beurteilen Sie die aktuelle Servicequalität Ihres Lieferanten?
- Welche Schwierigkeiten sehen Sie beim Einsatz von nicht standardisierten Schnittstellen im Warehouse Management?
- Welche Mehrkosten entstehen Ihnen durch den hohen Dispositionsaufwand?
- Wie wirken sich Lieferengpässe auf die Kundenzufriedenheit aus?
- Welche neuen Projekte würden Sie mit dem eingesparten Betrag angehen?
- Welche Informationen gehen Ihnen verloren, wenn die CRM-Software nicht von allen Mitarbeitern benutzt wird?
- Wann wären Sie mit Ihrer Prozessoptimierung zufrieden?

Geschlossene herausfordernde Fragen sind geeignet, wenn Sie den Kunden stärker in eine Denkrichtung lenken wollen. Der Kunde soll also genau über Ihren Vorschlag nachdenken.

Beispiele
- Wäre es für Sie und Ihre Gäste etwas anderes, wenn wir statt „Lübzer alkoholfrei" einmal „Holsten alkoholfrei" anbieten?
- Wie wäre es mit einer zehnprozentigen Absatzsteigerung durch ein Upsizing-Model?
- Könnte Sie denn eine Übernahme der Transportkosten dazu bewegen, die neuen Drucksysteme bereits zum 9. Dezember an den sechs Standorten in Betrieb zu nehmen?
- Was würde es für Sie bedeuten, wenn wir eine nachhaltige Bestandsoptimierung in Ihrem Warehouse Management realisieren und die Fehlerraten bis nahezu Null verringern?
- Haben Sie sich die Vorteile einer Outsourcing-Lösung für Ihre Applikationen einmal genau überlegt?
- Welche betriebswirtschaftlichen Auswirkungen hätte eine Entlastung aller Ihrer Disponenten um 50 % durch unsere tms-Lösung?
- Sind Sie mit der Farbqualität zufrieden?
- Stört Sie das?

7.8 Entscheidungsfragen

Ziel der Entscheidungsfrage ist es, mehr Klarheit über vereinbarte Themen zu erreichen und die nächsten Schritte in Richtung Lösung zu besprechen. Eine klare Entscheidung mit Ja/Nein bzw. anschließend die Anwort auf die Frage „unter welcher Bedingung" stellt einen sogenannten Zwischenabschluss dar. Die Idee ist es, mit Entscheidungsfragen zwei bis drei Zwischenabschlüsse auf dem Weg zum Abschluss einzuholen.

Es kann passieren, dass der Kunde auf die Frage mit „Nein" antwortet. In diesem Fall haben wir Klarheit und müssen den Punkt weiter klären (siehe Abschn. 7.5) oder aushandeln.

Wie in den Beispielen zu erkennen ist, wird dieser Fragetyp auch eingesetzt, um Annahmen unsererseits zu verifizieren.

Offene Entscheidungsfragen bauen weniger Druck auf als geschlossene Entscheidungsfragen.

> **Beispiele**
> - Wenn wir heute einen Vertrag abschließen würden, wie müsste dann Ihrer Meinung nach der nächste Schritt aussehen?
> - Ich höre, mein Angebot ist für Sie interessant, wann kann ich Ihre Entscheidung bekommen?
> - Was muss ich leisten, damit Sie Ihre Kaufentscheidung noch heute treffen können?
> - Welche Finanzierungsform kommt für Sie dann in Frage, damit wir es direkt im Vertrag vermerken können?
> - Welche Biermarken unseres Sortiments nehmen wir dann in Ihr neues Vertragsangebot auf?
> - Welche weiteren Aspekte sehen Sie, die für eine standardisierte Lösung sprechen?

Geschlossene Entscheidungsfragen bauen beabsichtigt Druck auf und wirken suggestiv bis manipulativ. Daher sollten sie nur sehr gezielt eingesetzt werden.

> **Beispiele**
> - Sind wir uns einig, am 1. Juli mit der Umstellung auf das neue System zu beginnen?
> - Sind wir uns einig, dass Sie mit 30 Beratertagen für die CRM-Anforderungsanalyse beginnen?
> - Angenommen Sie bestellen, sollten wir 0,3 oder 0,4 Gläser liefern?
> - Wenn wir es schaffen, bis Montag die Erstausstattung zu liefern, würden Sie dann eine Bestellung tätigen?
> - Gibt es außer Ihnen noch jemanden, der über die Vertragsinhalte informiert werden muss, bevor wir den Vertrag schließen können?
> - Dann nehmen wir das Modul „Flottenkontrolle" noch hinzu?
> - Werden Sie die Firewalls über den Händler A oder Goldpartner B beziehen?
> - Haben wir alles zwecks Umstellung oder gibt es noch Fragen?

7.8 Entscheidungsfragen

Ein insbesondere beim Lösungsverkauf angewandtes Fragekonzept ist unter dem Akronym OPAL bekannt. OPAL steht für

O rientierungsfragen: Fragen nach Details der Ist-Situation, nach Hintergründen, betrieblichen Gegebenheiten ...,

P roblemfragen: Schwierigkeiten, Engpässe, Unzufriedenheit, Herausforderungen ...

A uswirkungsfragen: Das Problem verstärkende Fragen, negative Konsequenzen ermitteln ...,

L ösungsfragen: Lösungen identifizieren, direkte Fragen nach der angedachten Lösung usw.

Bei der Anwendung der Fragetechnik sollten Sie unbedingt beachten:
- Sehr gutes Zuhören und Verstehen ist die Voraussetzung für einen zielführenden, effektiven Dialog.
- Stellen Sie Ihre Fragen zum richtigen Zeitpunkt. (→ genau zuhören!)
- Formulieren Sie Fragen so,
  - dass sie das Gespräch in die erwünschte Richtung lenken („Wer fragt, führt!"),
  - damit die daraus entstehenden Gedanken Handlungen auslösen und
  - erwünschte Lösungen und Ergebnisse produzieren.

  Statt: „Wieso habe ich solchen Durst?" → vergangenheitsorientiert, führt in den Mangel und zu Schuldzuweisungen

  Besser: „Wo finde ich Wasser?" → zukunftsorientiert, führt zu Lösungen und Potenzialen

> **Übung**
> Wenn Sie Ihre Gesprächsführungskompetenz mit effektiver Fragetechnik ausbauen wollen, nehmen Sie aus Ihrem Portfolio ein Produkt/eine Dienstleistung und formulieren Sie Fragen, die ein Handlung auslösendes Problembewusstsein bei Ihren Kunden schaffen sollen. Vorher definieren Sie das Szenario, in dem Sie die Fragen stellen wollen (siehe Tab. 7.3):

Die (offenen) Fragen sollen sich immer auf ein Motiv beziehen und einen Aufhänger haben, der auf Nutzenaspekten Ihres Produktes/Ihrer Dienstleistung beruht (siehe Tab. 7.4). Dazu gehört natürlich auch die Rolle/Funktion/Aufgabe Ihres Gesprächspartners (siehe auch Menthe/Sieg, Kundennutzen: die Basis für den Verkauf, 2012). Aus der Vielzahl der Motive und Merkmal-Vorteil-Nutzen-Faktoren sowie der Aufgabenstellung Ihres Gesprächspartners ergibt sich ein riesiger Pool an möglichen Fragen.

Wählen Sie dann mit Ihren Kollegen und vielleicht auch mit einigen vertrauensvollen Gesprächspartnern aus dem Kreise Ihrer Kunden die zehn wahrscheinlich wirkungsvollsten Fragen aus und testen Sie diese in Ihren Akquisitionsgesprächen.

Die Erkenntnisse werden Sie weiterbringen und animieren, Ihr Fragenportfolio systematisch zu optimieren. Ihre Ausstrahlung und Kompetenz werden sich erhöhen sowie

Tab. 7.3 Szenariobeschreibung (Übung)

Produkt/Dienstleistung	zum Beispiel Bohrmaschine, Verkaufstraining
Branche	zum Beispiel Gewerbebetriebe, Finanzdienstleistung
Markt	zum Beispiel Handwerk, Montagebetriebe, Außendienstorganisationen
Zielgruppe	zum Beispiel Unternehmen >50 Beschäftigte
Zielperson	zum Beispiel Geschäftsführer, Meister, Einkauf, Vertriebsleiter, Personalentwickler

Ihre Produktivität und Ihr Erfolg gesteigert werden. Aber Sie wissen ja: „Ohne Fleiß kein Preis" und „Übung macht den Meister".

Die in Tab. 7.4 angeführten Beispiele zeigen, wie man ein Handlung auslösendes Problembewusstsein schafft.

Tab. 7.4 Motivbasierte und nutzenorientierte Fragen (Übung)

Motive	Aufhänger: Nutzenaspekt	Fragenkatalog
Sicherheit	Investitionssicherheit	Mit welcher Einsatzdauer rechnen Sie?
	Funktionssicherheit	Wie beurteilen Sie die Qualität Ihrer Produkte aufgrund der Toleranzen Ihrer Fertigungsmaschinen?
	Ausfallsicherheit	Wie hoch sind die Ausfallzeiten?
Gewinn, Rendite, Leistung, Freude	Kosten	Inwieweit sind Sie sicher, alle Möglichkeiten zur Kostensenkung und Effizienzsteigerung ausgeschöpft zu haben?
	Zeit	Was bedeutet für Sie eine Reduzierung der Durchlaufzeit um 5 Tage?
	Umsatz	Wie beurteilen Sie die Entwicklung Ihres Umsatzes?
	Produktivität	Worin besteht Ihr Engpass?
	Personal	Inwieweit sind Sie sicher, dass Ihre Mitarbeiter nichts mehr dazu lernen können, um besser als die Mitbewerber zu sein?
	Kundenzufriedenheit	Was würde aus Ihrer Sicht die Zufriedenheit Ihrer Kunden enorm steigern?

Tab. 7.4 (Fortsetzung) Motivbasierte und nutzenorientierte Fragen (Übung)

Motive	Aufhänger: Nutzenaspekt	Fragenkatalog
Bequemlichkeit	Erleichterung	Wenn Sie an das gesamte Unternehmen/Ihren Verantwortungsbereich denken, welche Erleichterung/Verbesserung wünschen Sie sich?
	Kundenbegeisterung	Nehmen wir mal an, wir würden Ihnen über das Internet Zugang zu einer Datenbank geben, in der Sie alle Bestellungen/Abrufe/Zahlungen verfolgen können, was würde das für Sie bedeuten?
Ansehen, Prestige, Image, Anerkennung	Neue Technik	Welcher Ihrer Mitbewerber, gegen den Sie Aufträge verlieren, gilt als fortschrittlich?
	Markenprodukt	Wie kaufen Sie ein: billig, preiswert oder wertvoll?
Fortschritt, Innovation, Neugier, Spieltrieb, Entdeckung	Anwendungen	Wenn Sie an Ihren kritischsten Geschäftsprozess denken, was wünschen Sie sich verbessert?
Gesundheit, Wettbewerbsfähigkeit	Qualität	Wie hoch sind Ihre Kosten aufgrund von Reklamationen?
	Überlegenes Produkt	Wie viele Kunden haben Sie in den vergangenen 12 Monaten an die Konkurrenz verloren?
	Flexibilität	Welche Anforderungen stellen Ihre Kunden hinsichtlich Ihrer Flexibilität, zum Beispiel in Bezug auf Lieferzeiten?

Fünf Schritte zur wirkungsvollen Nutzenargumentation   8

Rationale und emotionale Nutzenaspekte vermischen sich aus Sicht des Kunden zu einer sehr individuellen Angelegenheit. In diesem Kapitel zeigen wir einen Weg, wie Sie im Verkaufsprozess zielsicher den individuellen Kundennutzen identifizieren und in eine verkaufswirksame Argumentationskette formulieren.

Tabelle 8.1 zeigt die wesentlichen Phasen, Methoden und Themen im Überblick.

Zu 1. Ausgangssituation eruieren

Diese Phase ist einerseits schwierig, weil zunächst einmal die Gesprächsbereitschaft des potenziellen Kunden erreicht werden muss. Andererseits geht es darum zu erkennen, inwieweit der Kunde Potenzial hat und wo seine „Schmerzpunkte" und Interessen liegen (siehe Kap. 2 und 3).

Zu 2. Veränderungswunsch erzeugen/klären

Dieser Schritt ist der wichtigste. Hier wird die Basis für die Nutzenargumentation gelegt. Entscheidend ist, dass es Ihnen bei dem potenziellen Kunden gelingt, den Veränderungswunsch weg von der Ist-Situation hin zu einer attraktiven Soll-Situation – mit Ihren Produkten und Lösungen – zu erzeugen. Hierfür haben wir Ihnen in den vorherigen Kapiteln Methoden und Techniken vorgestellt. Insbesondere mit der Fragetechnik gelingt es Ihnen, den Kunden dahin zu führen, dass er Sie nach einer bzw. Ihrer Lösung fragt (siehe Kap. 3, 5 und 6).

Zu 3. Lösung vorschlagen

Wenn Sie bis zu diesem Punkt gekommen sind, denken Sie daran, dass Sie in der Regel nicht der einzige Lösungsanbieter für den potenziellen Kunden sind. Sie müssen mit Konkurrenz rechnen. Viele Unternehmen holen grundsätzlich drei Angebote ein.

Ein anderer Aspekt ist, dass Kunden auswählen wollen und nicht vor vollendete Tatsachen gestellt werden möchten, nach dem Motto „Entweder nehmen Sie mein Angebot an oder Sie müssen bei der Konkurrenz kaufen".

Tab. 8.1 Fünf Schritte zur wirkungsvollen Nutzenargumentation

Phasen	Methode	Themen
1. Ausgangssituation eruieren	Gesprächseröffnung	Herausforderungen Probleme Ziele Wünsche
	Bedarf erkennen	Zahlen, Daten, Fakten Ursachen, Gründe
2. Veränderungswunsch erzeugen/klären	Bedarf bewusst machen: „Schmerzen" intensivieren	Konsequenzen Auswirkungen Perspektiven
3. Lösung vorschlagen	Problemlösung anbieten:	Produkt- Merkmale/ -Eigenschaften Vorteile Nutzen
	Drei Lösungsvorschläge: – Basis – Standard – Premium	

4. Nutzen aufzeigen	Beweis erbringen:
	Nutzenkategorien
	– messbar
	– kalkulierbar
	– entscheidbar
		Potenzialwert für
		– Geschäftsleitung
		– Fachabteilung
		– Benutzer
		– Kunden des Kunden
		– Partner des Kunden
		  – Lieferanten
		  – Vertriebspartner

5. Amortisation	ROI-Berechnung	Investition Break Even

Unterbreiten Sie dem potenziellen Kunden drei abgestufte Lösungsvorschläge:

1. Basis: Dieser Minimal-Vorschlag erfüllt alle Kundenanforderungen, nicht mehr und nicht weniger. Dafür ist die Investition für den Kunden vergleichsweise sehr niedrig.
2. Standard: Dies ist Ihr Normal-Vorschlag. Diese Lösung werden die meisten Kunden bei Ihnen kaufen.
3. Premium: Das ist Ihr Optimal-Vorschlag. Er enthält alle relevanten, von Ihnen lieferbaren Produktfunktionen und Produktmerkmale sowie Leistungen. Es ist quasi das Auto mit Vollausstattung.

Aus der Reaktion des Kunden erkennen Sie schnell, zu welchem Vorschlag er tendiert, und können Ihre Argumentation und Empfehlung gegebenenfalls in die Richtung lenken. Sie brauchen also dem Kunden nicht ein einziges Angebot zu verkaufen. Vielmehr laden Sie Ihren Kunden zum Kaufen ein und lassen ihn aus drei qualifizierten Vorschlägen wählen. Damit vermeiden Sie (Verkaufs-)Druck und erzeugen Sog. Was ist Ihrer Meinung nach den Kunden angenehmer – Druck oder Sog? Unsere Verkaufserfahrung ist jedenfalls die, dass langfristige, erfolgreiche Geschäftsbeziehungen eher im Sog-Modus entstehen.

Zu 4. Nutzen aufzeigen

Jeder Lösungsvorschlag enthält natürlich ein Nutzenpaket. Achten Sie darauf, dass Ihre Nutzenkalkulation und Nutzenstory auf Basis Ihrer umfassenden Bedarfsklärung und Einschätzung der Situation entsteht und sich an den für den Kunden wichtigen Schlüsselfaktoren und Entscheidungskriterien orientiert.

Bedenken Sie auch, dass die Motive, Interessen, Themen und sonstigen Nutzenaspekte bei den Personen des Buying-Centers verschieden sein können und Sie dem durch eine differenzierte Nutzendarstellung Rechnung tragen sollten (siehe auch Kap. 6 und 9 sowie Menthe/Sieg, Kundennutzen: die Basis für den Verkauf, 2012).

Erweitern Sie den Betrachtungsrahmen Ihres Kunden, indem Sie auch den Nutzen für die Geschäftsbeziehung zu seinen Lieferanten und Vertriebspartnern einbeziehen.

Zu 5. Amortisation

Natürlich will Ihr Kunde wissen, was die von Ihnen vorgeschlagene Lösung kostet. Wir empfehlen Ihnen, wo immer möglich, den Begriff Kosten durch die Vokabel Investition zu ersetzen; insbesondere dann, wenn es sich um Lösungen und Leistungen zur Verbesserung der Wettbewerbs- und Leistungsfähigkeit Ihres Kunden handelt. Kosten sind negativ besetzt, Investitionen positiv.

Geldausgaben sind immer mit der Frage nach dem Gegenwert belegt. Sprechen Sie daher immer davon, dass der Geldausgabe (Investition) ein Nutzen (Wert) gegenübersteht, der in der Regel mehrfach größer ist. Am besten reden Sie sowieso zuerst nur über den Nutzen und Wert Ihrer Lösung. Dann lässt sich mit einem Satz sagen, dass dieser Nutzen für nur x Euro sehr preiswert zu haben ist und sich die Investition innerhalb kurzer Zeit amortisiert.

Dabei sollten Sie mit Ihrem potenziellen Kunden auch den Betrachtungszeitraum abstimmen, für den die Nutzenkalkulation erstellt wird (je länger, desto besser; siehe auch Kap. 3, 6 und 9 sowie Menthe/Sieg, Kundennutzen: die Basis für den Verkauf, 2012).

Die Nutzenargumentation und Präsentation im Verkaufsprozess

9

9.1 Effektive Verkaufskommunikation

Wir können es nicht oft genug wiederholen: Ihre Argumente müssen auf die jeweilige Kundensituation zugeschnitten sein, das heißt, zu den Zielen, Interessen und Bedürfnissen Ihres Kunden passen. Und die Argumente sollten einen Produktvorteil sowie den damit verbundenen Kundennutzen beschreiben. Nur so erzielen Sie die gewünschte Wirkung (zum Beispiel Abschluss).

Beispiel
Situation: Der Meister lässt im Laufe einer Vorführung Interesse für die Universal-Bohrmaschine durchblicken.
Er sagt aber auch: „Ist ja doch ziemlich teuer". Er ist offensichtlich noch nicht ganz von der Wirtschaftlichkeit oder dem persönlichen Nutzen für ihn überzeugt.

9.2 Die Nutzenargumentation

1. Argumentation: „Schauen Sie einmal, wie schnell man den Bohrer wechseln kann. Sie können dann mit verschiedenen Einsätzen arbeiten und sogar polieren und schleifen."
2. Argumentation: „Ich habe den Eindruck, dass Ihnen die Maschine zusagt. Sie fragen sich, ob sich die Investition für Sie lohnt? Lassen Sie uns dies gemeinsam prüfen." (Es folgt eine Wirtschaftlichkeitsberechnung).

Was glauben Sie, welcher Argumentation der Kunde eher folgen wird?
Der ersten? Dies ist durchaus eine gute Vorgehensweise, aber passt sie zur Situation? Ist Polieren und Schleifen erforderlich? Ist die Maschine für ihn wirtschaftlich, weil er verschiedene Einsätze schnell wechseln kann? Wohl kaum. Gleichwohl können dieselben Argumente bei einem anderen Unternehmen ausgesprochen zugkräftig sein.

Die zweite Vorgehensweise wird eher von Erfolg gekrönt sein, weil sie den Erfordernissen des Interessenten entspricht.

Betrachten Sie ein Verkaufsgespräch nicht nur als eine Kette von sondierenden Fragen, sondern auch als eine Reihe von gezielten, zugkräftigen, auf die jeweilige Situation zugeschnittenen Argumenten. Nur wenn sämtliche Glieder dieser Kette (Argumente) den Kunden-Erfordernissen entsprechen, ist das geplante Ziel erreichbar.

Überlegen Sie sich daher, welche Argumente oder Vorgehensweisen generell brauchbar sind und wählen Sie je nach Kundensituation die zugkräftigsten aus.

> Es gilt, mit nutzenbezogenen Argumenten die Gedanken zu führen.

Was heißt das?
Nehmen wir zur Verdeutlichung ein Beispiel aus Ihrer täglichen Praxis als Kunde:

Beispiel

Beim Einkauf eines Anzuges sagt Ihnen der Verkäufer: „Dieser Anzug ist knitterarm". Das sagt Ihnen nicht allzu viel. Sie werden jedenfalls nicht angeregt, Ihre Gedanken in eine bestimmte Richtung zu lenken. Er steuert Ihr Denken nicht. Sagt dagegen der Verkäufer: „Dieser Anzug ist knitterarm; das bedeutet für Sie als Außendienstmann, dass auch nach 200 km Autofahrt keine Druckfalten Ihr Jackett verunzieren und Sie bei Ihren Kunden eine gute Figur machen", dann hat er Ihre Gedanken geführt. Er hat Ihnen den konkreten Nutzen aufgezeigt. Ihnen sind die Vorteile deutlich geworden.

Ähnlich reagieren auch Ihre Kunden auf rein produktbezogene Aussagen, wie zum Beispiel: „Die Bohrmaschine ist leicht." Gut, das versteht er zwar, die Maschine ist halt leicht. Wenn er aber nicht an die häufigen Arbeiten über Kopf denkt, leuchtet ihm auch kein Vorteil ein.

Wenn Sie diese Aussage aber nutzenbezogen formulieren, also genau abgestimmt auf die Kundensituation, werden auch unmittelbar die Vorteile klar.

„Die Universal-Bohrmaschine ist leicht. Sie ist so leicht, dass auch bei häufigem Über-Kopf-Arbeiten die Arme nicht schwer werden, sondern die Arbeit leicht von der Hand geht."

Sie haben durch diese nutzenbezogene Aussage das Denken Ihres Kunden in eine bestimmte Richtung geführt. Eine Richtung, die für Ihr Verkaufsziel Erfolg versprechend ist. Typische Überleitungen sind: „… Das bedeutet für Sie …"

Abb. 9.1 Kunden kaufen Nutzen und haben Motive (M. Sieg)

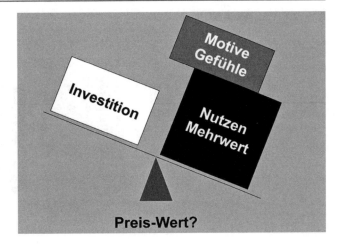

9.3 Die Nutzenargumentation im Verkaufsprozess

Vorteile sind allgemein gültig, während der Nutzen vom Kunden individuell und in Zusammenhang mit seinen Motiven wahrgenommen wird. Es ist für den Verkaufserfolg viel wirkungsvoller, die wichtigsten Nutzen und damit verbundene gute Gefühle für den Kunden zu formulieren, als Produktmerkmale und Technik zu verkaufen.

Das wichtigste Ziel der Nutzenargumentation ist es, mit dem Kunden eine Vorstellung über den Nutzen und Wert einer Lösung (seiner Probleme etc.) zu entwickeln.

Eine gute Nutzenargumentation berührt immer die Hauptmotive des Kunden. Das sind im Wesentlichen das Streben nach Gewinn und Erfolg bei größtmöglicher Sicherheit und Bequemlichkeit. Prestige, Gesundheit, Fortschritt, Freiheit und Unabhängigkeit, Umweltschutz sowie Selbstverwirklichung sind weitere Kaufmotive.

Der Nutzen und Mehrwert des Angebotes in Verbindung mit den adressierten Motiven und den vermittelten guten Gefühlen stellen das Gegengewicht zur Investition (Kosten, Preis) dar. Je größer dieses Gegengewicht ist, desto leichter wird die Preisverhandlung sein (siehe Abb. 9.1).

Das bedeutet für den Verkäufer, dass er keinen Preis nennen „darf", bevor nicht eindeutig geklärt ist, was der Kunde unter welchen Rahmenbedingungen, aus welchem Grund, verbessern/erreichen will und welchen Nutzen er bis wann erwartet!

Schauen Sie sich einmal Abb. 9.2 an. Wenn Sie zuerst den Preis nennen, der Kunde daraufhin wegen der Höhe „in Ohnmacht fällt" und Sie dann die Argumentation zum Wert Ihres Angebotes nachschieben, erscheint der Preis – wie in Abb. 9.2 dargestellt – größer als der Wert.

Haben Sie mit dem Kunden jedoch zunächst eine Wertvorstellung erarbeitet und nennen dann den Preis, haben Sie – wie in Abb. 9.3 veranschaulicht – den umgekehrten Effekt: Der Wert erscheint größer als der Preis, obwohl alle Flächen von „Wert" und „Preis" gleich groß und in der Abbildung auf gleicher Höhe sind.

Abb. 9.2 Preis/Wert (M. Sieg)

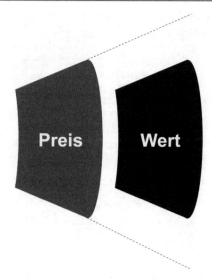

Machen Sie sich diese optische Täuschung im Verkaufsgespräch zunutze und reden Sie erst dann über den Preis, wenn der Kunde eine konkrete Wertvorstellung von der Lösung hat!

Die Zauberworte einer wirksamen Nutzenargumentation sind nach Hans Fischer unter anderem: fördern, sichern, stärken, erhöhen, erleichtern, verringern, erweitern, ermöglichen, sparen. Sie verbinden das rationale Produktmerkmal mit dem gefühlsmäßigen Nutzen.

> **Beispiel**
>
> „Herr Kunde, unsere Lösung ist so konzipiert, dass sie modular erweiterbar ist. Damit **sichern** Sie Ihre Investition für die Zukunft ab. Der modulare Aufbau **ermöglicht** es Ihnen, die Programme schnell und einfach Ihren aktuellen Anforderungen anzupassen. Das **erweitert** die Einsatzmöglichkeiten, **erhöht** die Kapazität bzw. den Ausstoß um bis zu X %. Damit **sparen** Sie wertvolle Arbeitszeit, **fördern** Sie Ihre Produktivität."

Die drei Ansatzpunkte der Nutzenargumentation sind:
1. Bedürfnisse, Anforderungen, Motive
2. Kundenspezifischer Nutzen
   Kategorie I: messbar
   Kategorie II: kalkulierbar
   Kategorie III: entscheidbar.
3. Generelle Nutzenargumente, die sich als allgemeiner Mehrwert des Unternehmens (zum Beispiel internationale Geschäftstätigkeit, Finanzkraft, Marktposition) ausdrücken.

9.3 Die Nutzenargumentation im Verkaufsprozess

Abb. 9.3 Wert/Preis (M. Sieg)

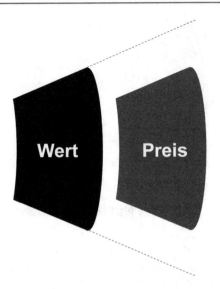

Die Nutzenbetrachtung von Kauf- und Investitionsentscheidungen fällt häufig recht oberflächlich aus, weil nur vordergründige Wirtschaftlichkeitskriterien, wie Preis oder direkte Kosteneinsparungen, betrachtet werden. Dabei wird meist übersehen, dass bei vielen Dienstleistungen und Maßnahmen der messbare oder kalkulierbare Nutzen erst durch die Sekundärwirkung (Nutzenkategorie III, siehe Menthe/Sieg, Der Kundennutzen: die Basis für den Verkauf, 2012) entsteht.

Beispiele sind: „zufriedene Mitarbeiter leisten mehr", „kompetente Mitarbeiter erreichen mehr" oder „zufriedene Kunden kommen von alleine wieder".

In jahrzehntelanger Anwendung dieser Struktur kamen in fast allen Fällen die entscheidenden Kaufkriterien aus der Kategorie III. Dies ist auch ein Beleg für die Aussage, dass die meisten Entscheidungen emotional getroffen werden.

Wer kann schon genau sagen, wie viel beispielsweise höhere Sicherheit (dem wichtigsten Motiv der meisten Menschen) und Auskunftsbereitschaft oder effektivere Zusammenarbeit wirklich bringen? Aber es kann immer gesagt werden, was es einem wert ist und wie viel man bereit ist, dafür auszugeben.

Nicht mehr als fünf Argumente

In Ihren Lösungsvorschlägen, Ihrem Angebot und Ihrer Angebotspräsentation brauchen Sie drei, maximal fünf gute Nutzen- bzw. Kaufargumente. „Mehr kann sich sowieso kein Mensch merken", und wahrscheinlich ist nur ein Argument das entscheidende. Identifizieren Sie die wichtigsten fünf und nennen/präsentieren Sie diese nach folgender Reihenfolge ihrer Attraktivität für den Kunden:

1. Das zweitstärkste Nutzenargument
2. Das fünftstärkste
3. Das viertstärkste
4. Das drittstärkste
5. Das stärkste

Damit dürften Sie einen aufmerksamkeitsstarken Spannungsbogen schaffen.

9.4 Praxistipp: das Nutzendokument

Erstellen Sie sich für Ihr Portfolio passend eine Nutzenliste, die maximal vier Seiten umfasst, analog Tab. 9.1. Wenn Sie dann im Verkaufsgespräch mit dem potenziellen Kunden ein Einverständnis im Hinblick auf die angestrebte Lösung haben, legen Sie Ihrem Gesprächspartner die Blankoblätter hin und bitten ihn, alle relevanten Nutzenaspekte zu Ihrem Lösungsvorschlag entweder in der Spalte hoch, mittel oder niedrig anzukreuzen.

Die Liste lassen Sie sich nicht zuschicken, sondern nehmen Sie ausgefüllt mit! Auf Wunsch kann sich der Gesprächspartner von der ausgefüllten Liste eine Kopie machen. Wir haben noch keinen Kunden gehabt, der diese Liste nicht mit Interesse ausgefüllt hat – auch nicht, wenn er unter Zeitdruck stand.

Sie erahnen wahrscheinlich schon den Sinn dieser Übung. Sie ist einfach genial, weil
- Sie auf diese Weise erfahren, worauf der Kunde Wert legt.
- Der Kunde den möglichen Nutzen bei sich gedanklich verankert.
- Der Kunde die Vorgehensweise als angenehm, interessant und zielführend empfindet.

Kunden kaufen bekanntlich Nutzen und nicht Produkte.

Wenn Sie jetzt auch noch „die Nerven behalten" und – insbesondere bei den hochrelevanten, messbaren Nutzenaspekten – den Kunden bitten, zum Beispiel zu beziffern, wie viel mehr Umsatz bzw. Deckungsbeitrag er vermutet oder wie viel ein Neukunde pro Jahr bringt und welchen Betrachtungszeitraum er bei der geplanten Investition zugrunde legt, dann haben Sie harte Zahlen und Fakten in der Hand. Mit diesen können Sie die Nutzenkalkulation ohne Schwierigkeit so aufbauen, dass der Kunde ehrlich überrascht wird, wie wenig er im Vergleich zu dem möglichen Nutzen investieren muss (siehe Tab. 9.1).

Die einfache, aber klärende Einstiegsfrage zur Nutzenpräsentation könnte dann lauten: *„Verehrte Kunden, nehmen wir mal an, Sie könnten sicher 5 € verdienen, müssten dafür aber zunächst 1 € investieren, würden Sie das machen?"* Wir haben noch keinen Kunden erlebt, der das verneinte. Vielmehr im Gegenteil, die Gesprächspartner wollten konkret wissen, wie das in Ihrem Projekt bewerkstelligt wird. Mehr Aufmerksamkeit können Sie beim Kunden unseres Erachtens nicht erreichen.

Mit diesem ausgefüllten Dokument präsentieren Sie sich in mehrfacher Hinsicht als echter Nutzen- und Mehrwert-Verkäufer:

Tab. 9.1 Das Nutzendokument

Lösung: ……………...……………………………		Ihr Logo		
für Fa. ……………………..………… Betrachtungszeitraum: ………………				
Pos.	Nutzen	Relevanz		Potenzialwert in €
		hoch mittel niedrig		
1	**Direkt messbar (Ersparnis, Zuwachs)**			
1.1	**Direkte Einsparung von Kosten für:** Energie			
1.2	Maschinen			
1.3	Material			
1.4	Personal			
1.5	Raum, Fläche			
1.6	Zeit			
1.7	Zinsen			
1.8	…			
1.9	**Erhöhung von:** Absatz			
1.10	Durchsatz			
1.11	Gewinn			
1.12	Managementkapazität			
1.13	Mitarbeiterkapazität			
1.14	DB aus zusätzlichen Neukunden			
1.15	DB aus Umsatzsteigerung (Bestand)			
1.16	…			
1.17	…			
1.18	…			
Summe				
2	**Kalkulierbar (Produktivitätszuwachs, Einsparung)**			
2.1	**Einsparung zukünftiger Kosten aus Wachstum und Veränderungen (Gesetze, Tarife …) für:** Energie			

Tab. 9.1 (Fortsetzung) Das Nutzendokument

Lösung: ……………..…………………………………… Ihr Logo

für Fa. ……………………..…………… Betrachtungszeitraum: ………………

Pos.	Nutzen	Relevanz			Potenzialwert in €
		hoch	mittel	niedrig	
2.2	Maschinen				
2.3	Material				
2.4	Personal				
2.5	Raum, Fläche				
2.6	Zeit				
2.7	…				
2.8	…				
2.9	…				
Summe					
3	**Entscheidbar (qualitativ, immateriell, strategisch)**				
3.1	Schwer fassbarer Nutzen aus Sekundärwirkung, qualitative, immaterielle Vorteile, höhere Leistungs- und Wettbewerbsfähigkeit				
3.2	Bessere Differenzierung zur Konkurrenz				
3.3	Bessere Kundenlösungen				
3.4	Bessere Planung				
3.5	Effektivere Zusammenarbeit				
3.6	Entscheidungshilfe, Inspiration				
3.7	Größere Wettbewerbsfähigkeit				
3.8	Höhere Arbeitsqualität, Arbeitssicherheit				
3.9	Höhere Auskunftsbereitschaft				
3.10	Höhere Investitionssicherheit				
3.11	Höhere Kundenzufriedenheit				
3.12	Höhere Mitarbeiterzufriedenheit				
3.13	Höhere Sicherheit				

Tab. 9.1 (Fortsetzung) Das Nutzendokument

Lösung: …………….....……………………………….. Ihr Logo

für Fa. …………………….…………. Betrachtungszeitraum: ……………...

Pos.	Nutzen	Relevanz			Potenzialwert in €
		hoch	mittel	niedrig	
3.14	Informationsgewinn mehr, schneller, genauer				
3.15	Innovation im Geschäftsmodell				
3.16	Innovation in den Geschäftsabläufen				
3.17	Innovation im Produkt				
3.18	Kompetenzerweiterung				
3.19	Konkretes Pflichtenheft				
3.20	Stärker kundenorientiertes Verhalten				
3.21	Neue Ideen von außen				
3.22	Nutzung der Erfahrung und des Know-how des Lieferanten				
3.23	Ökologische Zielerfüllung				
3.24	Orientierung für alle				
3.25	Reduzierung des Termindrucks				
3.26	Schnellere Aktion, Reaktion				
3.27	Sicherheit für weitere Maßnahmen				
3.28	Stärkung des Wir-Gefühls				
3.29	SWOT-Analyse: Stärken …				
3.30	Technischer Nutzen des Produktes				
3.31	Überzeugendere Positionierung				
3.32	Verbesserte Abläufe, Betriebsführung				
3.33	Verbesserte Kundenbeziehungen				
3.34	Vertrieblicher Nutzen				
3.35	Weniger/keine Beschwerden				
3.36	Zusätzliche Motivation bei Mitarbeitern, Partnern				

Tab. 9.1 (Fortsetzung) Das Nutzendokument

Lösung: ……………….....…………………………….			Ihr Logo	
für Fa. ……………………....………….. Betrachtungszeitraum: …………….				
Pos.	Nutzen	Relevanz		Potenzialwert in €
		hoch mittel niedrig		
3	Entscheidbar	Summe		
2	Kalkulierbar	Summe		
1	Messbar	Summe		
		Gesamt		

> - Sie können Ihre Lösungsvorschläge dramaturgisch entsprechend den vom Kunden angekreuzten Nutzenaspekten aufbauen und qualifiziert Entscheidungshilfe für die Investition geben.
> - Sie demonstrieren mit der Vorgehensweise Professionalität und heben sich sehr wahrscheinlich von Ihren Mitbewerbern ab.

Präsentation des Nutzens

Die meisten Unternehmen bzw. Verkäufer schreiben erfahrungsgemäß zu früh und zu viele Angebote.

> *Zu früh* heißt, es werden Angebote verschickt,
> - obwohl die Anforderungen, Schlüsselfaktoren, Entscheidungskriterien und die mit der Investition/Anschaffung verbundenen betriebswirtschaftlichen Ziele des Kunden nicht ausreichend qualifiziert sind.
> - obwohl weder die inhaltliche/technische Lösung noch der finanzielle Rahmen vom Kunden mündlich akzeptiert/bestätigt ist,

9.4 Praxistipp: das Nutzendokument

- obwohl beim Kunden eine konkrete und von ihm bestätigte Nutzen- und Wertvorstellung zu der Aufgabenstellung/Problemlösung noch nicht existiert.
- obwohl häufig die an der Entscheidung auf Kundenseite beteiligten Personen (Buying-Center) nicht persönlich bekannt sind.
- Außerdem ist so manches Mal das Budget für die Investition noch nicht freigegeben oder der Realisierungs-/Entscheidungstermin unklar.

Zu viele Angebote heißt,

- dass das Gesetz der großen Zahl *viele Angebote = viele Aufträge* nicht stimmt. Dies führt zu riesigen Blindleistungen im Vertrieb. Viele qualifizierte Angebote können selbstverständlich geschrieben werden, wenn die vorher genannten Voraussetzungen gegeben sind – also der Verkaufsprozess bis dahin qualifiziert abgelaufen ist und eine tragfähige Beziehung zum potenziellen Kunden besteht.
- es werden Angebote geschrieben, obwohl es sich offensichtlich um wenig aussichtsreiche Wettbewerbs- oder Kundensituationen handelt. Untersuchungen haben ergeben, dass Verkäufer bei etwa 70 % aller abgelehnten Angebote bereits vor Angebotsabgabe spürten, dass sie den Auftrag sehr wahrscheinlich nicht bekommen! Die „sich selbsterfüllende Gefühlslage" können Sie vermeiden, wenn Sie innerlich gelassen, selbstbewusst, kompetent, professionell und vor allem konsequent nutzenorientiert die Vertriebsaufgabe wahrnehmen.

Bei größeren Projekten sollten Sie Ihr Angebot möglichst den Personen präsentieren, die das Buying-Center des Kunden bilden. Dies hat die folgenden Vorteile:

- Sie vertiefen oder stellen den Kontakt zu dem Entscheidungsgremium her und
- wirken mit Ihrer Persönlichkeit vertrauensbildend.
- Sie können mündlich und mit einer Visualisierung (Präsentation) in den meisten Fällen mehr Informationen transportieren und Entscheidungsenergie erzeugen, als es mit dem schriftlichen Angebot allein möglich ist.
- Sie können Fragen direkt beantworten und aktiv auf die Entscheidung für Ihr Angebot hinarbeiten.

Folgender Aufbau einer Angebotspräsentation hat sich bewährt:

1. Thema/Grund der Präsentation (Entscheidung über das Projekt …)
2. Management-Zusammenfassung (Ihre Nutzenvision, Mehrwertaussage)
3. Einleitung (zum Beispiel Branchensituation, Trends)
4. Zielsetzung des Kunden
5. Ist-Situation des Kunden
6. Lösungsanforderungen
7. Rahmenbedingungen
8. Lösungsalternativen (minimal, normal, optimal)
9. Nutzen/Wert und Investition (Kosten), ROI der Lösungsvorschläge
10. Finanzierung
11. Realisierung (Projektplan)
12. Warum Sie? (Mehrwert Ihres Unternehmens)
13. Projektleiter und Team
14. Referenzen
15. Aktionsplan (nächste Schritte)

Backup: Ihre Unternehmenspräsentation, Detailunterlagen …

Die wichtigste „Folie" ist die Management-Zusammenfassung. Auf ihr steht visualisiert und mit wenigen (maximal 30) Worten und Zahlen Ihre Verkaufsstory. Sie enthält die Nutzenvision und das Mehrwertversprechen zu dem Projekt (siehe Kap. 6). Die Geschichte müssen Sie in drei Minuten gegebenenfalls ein zweites Mal überzeugend präsentieren, wenn der Top-Entscheider „leider überraschend verhindert ist, aber während des Termins wenigstens kurz Guten Tag sagen wollte".

- Verzichten Sie auf die langatmige Vorstellung Ihres Unternehmens, vor allem zu Beginn der Präsentation. Kommen Sie nach einer kurzen Vorstellung Ihrer Person/Ihrer Begleiter (Name, Aufgabe und Verantwortung) gleich zur Sache, nämlich zum Nutzen, den Sie dem potenziellen Kunden bringen wollen. Das ist für die Teilnehmer viel wichtiger und interessanter und bringt Sie zudem näher an die Menschen ran.
- Nutzen Sie die meist knappe Zeit für eine rege Interaktion mit den Teilnehmern. Präsentieren Sie also nicht von A-Z, sondern stellen Sie Zwischenfragen, zum Beispiel zu den Punkten 4 bis 7. Haken Sie nach, ob alles klar ist oder ob sich Änderungen ergeben.
- Stellen Sie Ihre Lösungsalternativen (Punkt 8) gut sichtbar im Vergleich gegenüber. Machen Sie Ihre Lösungsvorschläge möglichst erlebbar: sprechen Sie die Sinne an (fühlen, riechen, schmecken, hören, sehen), lassen Sie Bilder im Kopf entstehen oder die Teilnehmer selbst etwas machen.

9.4 Praxistipp: das Nutzendokument

- Fragen Sie nach der Präsentation Ihrer Vorschläge, ob alle vom potenziellen Kunden akzeptiert werden und welcher am besten gefällt. Sie erhalten daraufhin wichtige Hinweise für Ihre Nutzenpräsentation (Punkt 9) und können diese entsprechend akzentuieren und in Richtung einer Entscheidungshilfe bzw. Kaufempfehlung für den Kunden formulieren.
- Ab Punkt 9 arbeiten Sie smart (ohne Druck, aber konsequent, freundlich, entspannt und gelassen, so, als hätten Sie keinen Zweifel, dass der Kunde sich für einen Ihrer Vorschläge entscheidet) in Richtung Auftrag weiter. Seien Sie dabei äußerst aufmerksam bezüglich der Reaktion Ihrer Gesprächspartner. Verpassen Sie keine Chance, konkret nach dem Auftrag zu fragen.
- Als Profi werden Sie auf keinen Fall bis Punkt 15 präsentieren und sich dann vielleicht auch noch sagen lassen: „Wir melden uns bei Ihnen und geben Bescheid", ohne einen Hauch an Rückmeldungen zu haben, inwieweit Sie mit Ihrer Nutzenvision und dem Mehrwert-Versprechen ins Schwarze getroffen haben. Oder?

Fazit

Verkaufen Sie nicht das Produkt (zum Beispiel Lampe), sondern den Nutzen und Wert (Licht, Atmosphäre). Eine überzeugende Nutzenargumentation sichert die Marge. Die Widerstandskraft der Verkäufer im Preisgespräch zu stärken, heißt, Nutzenargumentation zu trainieren! Vorher müssen die Vorteile der Produkte und Leistungen in Wertvorstellungen des Kunden umgewandelt und beziffert werden. Nicht Geiz, sondern Geist ist geil und angesagt.

Und sichern Sie Ihre Nutzenargumentation mit Referenzen/Testimonials ab. Befragen Sie Ihre Kunden eine angemessene Zeit nach der Lieferung zum Erfolg/der Wirkung des abgeschlossenen Geschäftes. Wenn der Erfolg noch nicht eingetreten ist, können Sie gegebenenfalls nachbessern. Ist der gewünschte Erfolg da, so ist das gut für Ihr Selbstbewusstsein in anderen Situationen und die Grundlage für Ihre Bitte um eine schriftliche Referenz/ein Testimonial.

10 Nutzenorientiert verhandeln

Professionelle Verkäufer betrachten das Preisgespräch als elementaren Bestandteil der Kaufkommunikation. Der Preis ist quasi das Scharnier zwischen Ein- und Verkauf. Es verbindet die Produktvorteile und den Kundennutzen aus Sicht des Anbieters mit dem Wertempfinden und der Investitionsbereitschaft des Kunden.

Das gemeinsame Interesse von Anbieter und Kunde liegt zunächst in einer technisch-inhaltlich überzeugenden Lösung. Das Produkt/die Leistung muss gefallen, nicht der Preis.

Die menschlichen Aspekte, wie die Erfüllung der Erwartungen, Wünsche, Hoffnungen und sich bietende Möglichkeiten, sollten dabei stärker betont werden als die Aussagen zum Produkt selbst.

Sog entwickeln ist günstiger als Druck aufbauen. Der Verkäufer, der schon mit seiner Körpersprache signalisiert, dass er den Auftrag unbedingt haben will oder braucht, liefert sich dem Rabattgespräch aus. Und bei fehlender überzeugender Nutzenargumentation begeht er sicheren „Margenselbstmord".

Zunächst ein paar grundsätzliche Anmerkungen. Sie gelten nicht für alles und jeden. Wählen Sie die für Ihr Geschäft möglichen Optionen aus.

10.1 Preise und Lieferbedingungen

Der Preis ist neben dem Produkt und dessen Nutzwert für den Kunden ein wichtiges Kaufentscheidungskriterium und eine Wettbewerbswaffe von herausragender Bedeutung.

Die Bedeutung des Preises als Marketinginstrument hat aufgrund zunehmender Marktsättigung, einer Angleichung der Qualitäten, verstärkter Internationalisierung und besserer Markttransparenz, nicht zuletzt durch das Internet, in den letzten Jahren stark zugenommen.

Preiswirkungen setzen sehr schnell ein und Preisaktionen sind ohne langwierige Vorbereitungen durchführbar. Das verdeutlicht die Wirksamkeit, aber auch die Gefährlichkeit dieses Instrumentes. Eine einzige falsche Preisaktion kann Gleichgewicht und

Preisstrukturen eines Marktes auf lange Sicht zerstören. Und bedenken Sie: 1 % zusätzlicher Nachlass schmälert bei einer Umsatzrendite von 5 % den Gewinn um 20 %! Der Preis sollte niemals isoliert, sondern immer im Zusammenhang mit den anderen Instrumenten des Marketing-Mix gesehen werden.

Letztlich ist der durchsetzbare Preis ein Reflektor des wahrgenommenen relativen Kundennutzens, also der Produktleistung, der Kommunikation, des Anbieter-/Markenimages, der Position im Distributionskanal etc. Die Marke beeinflusst die Wahrnehmung des vermeintlichen Kundennutzens mit 20 % (vgl. IBM, Porsche). Die Möglichkeiten eines Anbieters, aktive Preispolitik zu betreiben, sind tendenziell umso größer, je heterogener seine Produkte und je größer der gestiftete Kundennutzen im Vergleich zu Konkurrenzangeboten sind.

Preisdifferenzierung
Für die Ausschöpfung von Gewinnpotenzialen spielt die Differenzierung der Preise entsprechend der jeweiligen Zahlungsbereitschaft eine herausragende Rolle. Eine wichtige Voraussetzung ist die Marktsegmentierung, also die Identifikation von Kundensegmenten mit unterschiedlich hohen Preisbereitschaften bzw. Preiselastizitäten, die dann durch differenzierte Angebote und Preise angesprochen werden. Das Internet eröffnet ganz neue Möglichkeiten der Preisdifferenzierung und die Bereitschaft den Preis zu messen (zum Beispiel bei Auktionen).

Vor diesem Hintergrund empfehlen wir, folgende Regeln für die Preiskalkulation und Preisbestimmung anzuwenden:

- Keine Geschäfte, die nicht kostendeckend (Vollkosten) sind, abschließen. (Wenn Sie im Vergleich zur Konkurrenz zu teuer produzieren, müssen Sie eben Ihre Produktivität steigern.)
- Keine Subventionierung von Verlust bringenden Produkten/Dienstleistungen.
- Erst eine Wertvorstellung (Nutzenkalkulation) erarbeiten, dann die Preislinie definieren (Was dem Kunden viel bringt oder nutzt, darf auch mehr kosten!).
- Eine Preismatrix, die für alle Kunden gleich angewendet wird, erarbeiten.
- Bieten Sie einen marktfähigen Preis, der nicht wesentlich über dem teuersten bzw. billigsten Anbieter liegt.
- Nachlässe werden nur eingeräumt, wenn ein höheres Volumen bestellt wird oder objektiv der Aufwand niedriger ist (zum Beispiel Eigenleistung des Kunden oder Reduzierung des Leistungsumfangs).
- Zahlungsziele werden nicht eingeräumt. Zahlungsziele, die über „30 Tage ohne Abzug" hinausgehen, müssen entsprechend in den Preis einkalkuliert werden. Die Zahlungskonditionen können ein wesentlicher Verhandlungspunkt sein.

> **Im Verkaufsprozess bietet sich folgendes Vorgehen an:**
> - Wir erarbeiten mit dem Kunden erst eine Wertvorstellung, bevor wir den Preis nennen! Erst wenn wir wissen, welchen Nutzen der Kunde von unserem Angebot hat, können wir den Preis taktisch richtig verpackt nennen.
> - Beim Preis sprechen wir möglichst von einer Investition, nicht von Kosten (Kosten werden negativ, Investitionen dagegen positiv empfunden).
> - Verkaufsgespräche ohne Kundeneinwände gibt es in der Regel nicht. Einwände signalisieren Kaufbereitschaft. Der häufigste Einwand kommt beim Preis, weil der oft als einziges Vergleichskriterium für alle Angebote übrig bleibt. Aus diesem Grund muss jeder Verkäufer eine fundierte Preisargumentation haben.
> - Häufig besteht die Chance, Paketangebote mit einem Gesamtpreis zu versehen, ohne dabei die Preise für die Einzelkomponenten und -leistungen transparent machen zu müssen.
> - Keine Preissenkung oder günstigere Konditionen ohne Gegenleistung des Kunden. Ist ein Preisnachlass unumgänglich, bieten wir „mehr Leistung zum gleichen Preis" oder „Naturalrabatt" an. Aber auch das hat seine engen Grenzen. Für den Kunden bedeutet das den gleichen preissenkenden Effekt; es sei denn, er hat kein ausreichendes Budget. Wie wirkt es auf Sie, wenn Sie ohne große Anstrengung als Kunde sofort 10 % Rabatt erwirken bzw. verhandeln können? Der Kunde muss bei Nachlässen immer das Gefühl haben, dass es für Sie wirklich schwierig ist, für ihn eine Ausnahme zu machen. Deshalb darf der Nachlass nicht leichtfertig gegeben werden, selbst dann, wenn der Nachlass möglich ist.
> Für uns ist eine Leistungserhöhung günstiger, weil nach außen das Preisniveau gehalten wird.
> - Kunden möchten grundsätzlich Preis und Leistung vergleichen. Das ist ihnen aber in den meisten Fällen letztendlich gar nicht möglich, weil es keine Standards gibt, von den Anbietern unterschiedliche Definitionen und Leistungsbeschreibungen vorliegen bzw. Kundenanforderungen unterschiedlich bedient werden. Machen Sie doch mal den Test mit einem Auto gleicher Klasse von drei verschiedenen Herstellern. Sie werden feststellen, dass es in Preis und Leistung immer Unterschiede gibt. Der Preis ist immer subjektiv und abhängig von der Rolle, der Funktion und dem Ziel des Verhandlungspartners.

Deswegen empfehlen wir Ihnen, die Unvergleichbarkeit Ihres Angebotes prinzipiell zu verstärken, denn es ist *unvergleichlich gut*.

Vorgehensweisen könnten beispielsweise sein:

- drei unterschiedliche Lösungsvorschläge mit Preis- und Leistungsdifferenzierung (minimal, normal, optimal), denn aus drei Angeboten wird der Kunde zu 80 % das mittlere (normal) Angebot wählen. Sie müssen daher immer zusätzlich eine Premiumvariante anbieten, damit der Kunde sich nicht (bei zwei Angeboten) für das billigere entscheidet.
- Paketangebote (zum Beispiel Systemliefervertrag: Hardware + Software + Dienstleistungen + Entsorgung) zu einem Gesamtpreis,
- Attraktives Lösungspacket zu einem gut kalkuliertem Festpreis,
- Finanzierung der Gesamtleistung (zum Beispiel Nutzungsüberlassungsvertrag, Leasing).

Nehmen Sie den Preis in die Zange (siehe Abb. 10.1).

Sprechen Sie nicht nur über den Nutzen, der sich aus den Produktmerkmalen und Vorteilen Ihrer Lösung für den Kunden ergibt. Reden Sie auch über den Nutzen, der dem Kunden laufend entgeht, wenn er sich jetzt nicht dafür entscheidet.

Sie bedrängen den Kunden nicht, wenn Sie sagen: „Immerhin haben schon viele Unternehmen Ihrer Branche das Produkt im Einsatz. Durch die niedrigeren Betriebskosten und kürzere Durchlaufzeit erschließen sich Ihre Mitbewerber bereits wichtige Wettbewerbsvorteile."

Oder: „Jeden Tag, den Sie mit der Installation warten, ‚verlieren' Sie … Euro."

10.2 Preisverhandlung

Preisverhandlungen sind wie Schach ein variantenreiches Spiel mit mehreren Spielzügen, Optionen und Regeln.

1. Der Kunde will wissen: „Was kostet das?"
2. Den eigenen Preis selbstbewusst darstellen.
3. Die Preisverhandlung gut vorbereiten.
4. Das Spiel verlassen (man muss nicht zu jedem Preis verkaufen).
5. Agil verhandeln

Zu 1.

Nachdem die ersten Spielzüge (Aufgabenstellung und Lösungsanforderungen geklärt, Lösungsansätze erarbeitet) gelaufen sind, will der Kunde unweigerlich wissen: „Was kostet das?"

10.2 Preisverhandlung

Abb. 10.1 Den Preis in die Zange nehmen (M. Sieg)

Wie in Kap. 9 beschrieben, geraten Sie sofort in die Defensive, wenn Sie *das Spiel falsch eröffnen*, indem Sie den Preis nennen, bevor Sie genau wissen, was die Lösung für den Kunden bedeutet und sich bei ihm ein veritables Nutzenbewusstsein und Wertgefühl für Ihre Lösungsvorschläge aufgebaut hat. Sagen Sie zum Beispiel: *„Gerne nenne ich Ihnen den Preis. Lassen Sie uns noch kurz über das Thema xy (zum Beispiel die Ausbaustufen) sprechen."*

Zu 2.

Wenn Sie dann – zum richtigen Zeitpunkt – den Preis nennen, tun Sie dies mit einer „süßen", attraktiven Verpackung aus für den Kunden relevanten Vorteilen und Nutzen. Beginnen Sie mit Ihrem optimalen (wertvollsten) Lösungsvorschlag. Beispiel: *„Dieses Rundum-sorglos-Paket erhalten Sie schon/bereits/für nur … Euro. Damit senken Sie sofort Ihre Betriebskosten und erhöhen gleichzeitig die Produktivität. Das ist ja Ihr Hauptziel."*

Sagen Sie bei der Nennung des Preises: *„fünfundzwanzig"* statt *„fünfundzwanzigtausend"* oder *„zweifünf"* statt *„zweitausendfünfhundert"*.

Achtung! Nach Prof. Albert Mehrabian (*Nonverbal Conversation*, 2007 und *Silent Messages*, 1972) setzt sich die Wirkung von Aussagen wie folgt zusammen:

- 7 % Inhalt und Sprache
- 38 % Stimme und Sprechtechnik
- 55 % Körpersprache und Aussehen

> **Das bedeutet für den Verkäufer**
> - Er muss den Preis selbstbewusst, ruhig, klar und überzeugend, „ohne zu zaudern mit Blickkontakt und gegebenenfalls einer verstärkenden Geste nennen, um keine Hoffnungen auf Preisverhandlungen oder große Nachlässe zu wecken. Sie können dem Einwand „zu teuer" auch mit folgender Antwort begegnen: *„Stimmt, wir sind hier nicht die Billigsten (Pause)"*.

- Und in einer Präsentation wird der Verkäufer zusätzlich grafisch der „*relativ niedrigen Investition*" den „*viel größeren Nutzen und Wert*" gegenüberstellen.
- Der Verkäufer muss von seinem angebotenen Preis-Leistungs-Nutzen-Wert-Verhältnis selbst überzeugt sein. Man nennt das auch *innere Preis-Solidarität*. („Was nach außen strahlen soll, muss innen glänzen.")
- Welcher Käufertyp sind Sie? Kaufen Sie lieber *billig, preiswert* oder *wertvoll*? Wahrscheinlich werden Sie sagen: „Kommt drauf an". Genau, auf was kommt es Ihrem Kunden an? Geht es um eine billige = minimale, normale = preiswerte oder optimale = wertvolle Lösung?
- Welcher Verkäufertyp sind Sie? Verkaufen Sie noch Vorteile und geben Rabatte, um „Umsatz zu machen", oder verkaufen Sie Nutzen und verhandeln ‚hart', um „profitablen Umsatz zu generieren"?
- Verkaufen und verhandeln ist ein Spiel. Menschen sind es gewohnt, ihren Vorteil zu verbessern. Sie wollen Grenzen austesten. Je nach Kultur müssen Sie sich auf unterschiedliche Erwartungshaltungen einstellen. In manchen Ländern macht sogar den Anbietern das Geschäft keine Spaß, wenn der Käufer nicht verhandeln will, sondern bereit ist, den geforderten Preis ohne weitere Verhandlung zu bezahlen.

Zu 3.
Um diese innen und außen stabile (Gemüts-)Verfassung zu erreichen, ist intensive, gute Vorbereitung auf die Preisverhandlung notwendig. Das heißt vor allem
- die eigene Preisposition für die individuelle Verhandlung klar zu definieren:
  - Identifizieren Sie alle Kriterien, bei denen Flexibilität/Verhandlungsspielraum besteht; also Preis, Lieferbedingungen, Termine, Abrufmengen, Zahlungsbedingungen, Garantie usw.
  - Für jedes Kriterium legen Sie zwei Ziellinien (optimal, normal) und eine Schmerzgrenze (minimal) fest. Es gibt folglich immer einen Preis, den Sie noch gut vertreten können, und einen Zielpreis, den der Kunde erreichen möchte. Der Unterschied in dieser Annäherung ist die sogenannte Zone der möglichen Übereinstimmung. Ist diese Zone nicht mehr vorhanden, weil Ihr bester Preis zu weit weg von den Erwartungen des Kunden ist, so sollten Sie zur Verhandlungsalternative „No Deal" übergehen. Hier können beide Parteien ihr Gesicht wahren und es entsteht keine „Win-loose"-Situation. Sie machen so zumindest kein Verlustgeschäft.

    Sagen Sie: „*Ich denke, für beide Seiten ist es sinnvoll, dass wir diesmal nicht ins Geschäft kommen. Was schlagen Sie vor? Oder wie sehen Sie das?*"
  - Zu jedem Kriterium überlegen Sie, welche Bedeutung/Priorität es für den Kunden und für Sie hat und wann bzw. wie Sie es in der Verhandlung einsetzen.

Erstellen Sie sich zu diesen Punkten eine übersichtliche Tabelle. Diese gibt Ihnen Orientierung.

10.2 Preisverhandlung

- Dann schnüren Sie Ihr Verhandlungspaket und definieren Sie für den Gesamtauftrag drei Verhandlungsziele:
  - optimal → betriebswirtschaftlich erfolgreich
  - normal → Marktpreis, durchschnittlicher DB
  - minimal → Vollkosten deckend, kleiner Gewinn

  Die Verhandlungsziele sind wie Leitplanken, zwischen denen Sie sich bewegen können. Setzen Sie sich hohe Verhandlungsziele. Je attraktiver Ihr technisch/inhaltlicher Lösungsvorschlag bezüglich des Nutzens und im Vergleich zum Mitbewerb ist, desto besser.
  - Bedenken Sie die Auswirkungen möglicher Konzessionen. Wo können Konzessionen gemacht werden, die weniger weh tun als Preisnachlässe?
  - Kurz vor Verhandlungsbeginn werfen Sie noch einen intensiven Blick auf Ihre Verhandlungstabelle, um sich und Ihren „Verhandlungsakku" aufzuladen.
  - Der Verhandlungserfolg wird erfahrungsgemäß zu 80 % von der Vorbereitung bestimmt.

Zu 4.

Kein Kunde kann Sie zwingen, ein Verlustgeschäft zu machen. Trotzdem kann es außergewöhnliche Umstände geben, die außergewöhnliche Maßnahmen erfordern. In einem solchen Fall sollten Sie

- zwei Rückzugspunkte definieren, bei denen Sie spätestens und konsequent aus der Verhandlung aussteigen:
  - Schmerzgrenze 1 → Vollkosten deckend, kein Gewinn
  - Schmerzgrenze 2 → Fixkosten deckend, Verlust.

Zu oft kommt es in Verhandlungen vor, dass weder die unter Punkt 3 genannten Aspekte bedacht sind, noch die Kalkulation sorgfältig durchgeführt wurde. „Selbst schuld", kann man da nur sagen. Wenn es jedoch um Preise unterhalb der Marge oder der Vollkosten geht, muss sehr genau abgewogen werden, welche Konsequenzen für das eigene Unternehmen sowie die künftige Preispolitik und deren Wirkung am Markt damit verbunden sind. Hier ist die Geschäftsleitung gefordert.

Zu 5.

Verhandeln bedeutet, sich einander zu nähern, zu geben und zu nehmen. Geschäfte sind dann gut, wenn es keine Verlierer, sondern nur Gewinner gibt. Hier ein paar Verhandlungsregeln:

- Sachbezogen diskutieren: Mensch und Problem werden getrennt. Nicht auf das Gegenüber einschießen, sondern auf das Ziel konzentrieren.
- Erst Wertbewusstsein beim Kunden aufbauen, dann den Preis nennen.
- Prestige und Status als Preistreiber nutzen.
- Erst ein Produkt/eine Lösung mit hohem Preis anbieten (optimal, wertvoll).
- Den Preis zwischen Vorteilen und dem Nutzen der Lösung einfließen lassen.
- Lassen Sie den Kunden um Ihre attraktive Lösung kämpfen.
- Interessen abwägen: „Warum"-Fragen machen die unterschiedlichen Interessen bewusst.
- Aktiv zuhören, der Kunde hat „Vorfahrt".
- Geben Sie Anerkennung. Werten Sie den Kunden auf, ehe er Ihren Preis abwertet.
- Einwände gegen den Preis sind
  - ganz normal,
  - eine Belebung jedes Verkaufsgesprächs,
  - ein Meilenstein für einen erfolgreichen Verkaufsabschluss.

  Lesen Sie dazu mehr im nächsten Kapitel.
- Optionen suchen: Lösungsmöglichkeiten sammeln. Den Kunden dabei um Hilfe bitten. (siehe auch Punkt 3: Ihre vorbereite Tabelle mit den Flexibilitätskriterien)
- Vermeiden Sie sofortige Zugeständnisse am Tisch, vor allem, wenn der Kunde zu keinem Entgegenkommen bereit ist. Meist ist nach einer halben Stunde klar, dass Sie in dieser Runde keine Einigung erzielen. Nutzen Sie beide eine Auszeit, um die jeweilige Position zu überdenken (noch mal treffen, telefonieren).
- Wenn Sie ein angemessenes Zugeständnis machen, fordern Sie zuvor die sofortige Zusage, dass Sie dann den Auftrag erhalten (Nagelprobe).
- Teilergebnisse und das Verhandlungsergebnis gleich bestätigen und festschreiben.
- Wiederholt auf den Kundennutzen, Ihren Mehrwert und Ihre Alleinstellungsmerkmale verweisen.
- Machen Sie nur *eine* Nachbesserung. Sie finden sich sonst schnell in der Preisabwärtsspirale wieder. Außerdem, in unserem Kulturkreis wird nicht wie auf dem Basar gefeilscht. Der Kunde möchte vielmehr mit dem guten Gefühl leben, den bestmöglichen Preis bekommen zu haben – „Mehr war nicht drin".

In Asien heißt es: „Der Verkäufer gewinnt immer." Und in den orientalischen Ländern macht den Verkäufern das Geschäft keinen Spaß, wenn nicht mehrere Verhandlungsrunden laufen. Haben Sie es im Urlaub auch schon erlebt, dass Sie schließlich etwas zu 20–30 % des ursprünglichen Preises kaufen konnten?

10.2 Preisverhandlung

In der arabischen Verhandlungsstrategie gibt es ein Maximalziel und Minimalziel aus Sicht eines Arabers:

Sagt er „12", meint er „10", will er „8" haben, wird er „6" wert sein, möchte er „4" geben, wird er „2" sagen.

Leider verhandeln wir zu oft auf „arabisch" und treffen uns mit dem Kunden in der Mitte, anstatt uns klar an unsere vorbereiteten Preisgrenzen zu halten.

- Immer flexibel und locker bleiben.
  In einem Käufermarkt und bei immer intensiver werdendem Wettbewerb hat der Kunde in vielen Fällen die vermeintlich stärkere Position. Zumindest kann man das aus verschiedenen vermeintlichen Eigenheiten von Einkäufern so schließen: Umgangston, Verhalten, „es interessiert nur der Preis" usw.
  Aber Achtung – moderne, professionelle Einkäufer …
  – sind geschult. Sie wissen, wie Verkäufer vorgehen.
  – verfolgen die Unternehmensziele („Im Einkauf liegt Gewinn").
  – kennen die Marktlage.
  – bereiten ihre Einkaufsgespräche vor.
  – verfolgen Strategien („Wer mehr fordert, bekommt auch mehr!").
  – wenden Taktiken an (Salamitaktik, Wenn-dann-Argumentation, Vor-vollendete-Tatsachen-Stellen, Fristensetzen, Ablenken, guter Mensch – böser Mensch, scheinbarer Rückzug, Verzögerungstaktik, Zermürbungstaktik usw.).
  – geben in der Preisverhandlung nicht vorschnell auf!
  Es würde den Rahmen dieses Buches sprengen, tiefer in diese Materie einzusteigen. Nur so viel: Erfahrungsgemäß steht fest, dass
  Einkäufer am liebsten mit Profi-Verkäufern verhandeln, die eine gute Story haben, zu ihrem Preis stehen und ihn verteidigen (zumindest in unserem Kulturkreis).

> Also: Räumen Sie keine zu hohen Nachlässe ein, sonst werden Sie schnell unglaubwürdig. Sorgen Sie dafür, dass der Kunde Ihre Leistung versteht und den Preis akzeptiert, sonst wird er wohl von der Konkurrenz kassiert.

Abbildung 10.2 fasst noch einmal die vier Phasen der Verhandlung zusammen.

Phase	Stufe
Vorbereitung	 1. Richtig vorbereiten
Diskussion	 2. Diskutieren und sondieren 3. Signale senden
Vorschläge	 4. Vorschläge machen 5. Das Paket schnüren
Abmachung	 6. Aushandeln 7. Abschließen 8. Festhalten

Abb. 10.2 Die vier Phasen der Verhandlung (M. Sieg)

11 Einwandbehandlung

Einwände des potenziellen Kunden begreifen wir als Kaufsignale. Einwände entstehen im Verkaufsgespräch dann, wenn der Gesprächspartner

> - vom Nutzen des Angebotes nicht überzeugt ist,
> - den eigenen Bedarf bzw. den Unternehmensbedarf nicht kennt,
> - zu wenig Kenntnis und Erfahrung im Zusammenhang mit dem Angebot hat,
> - schlechte Erfahrungen gemacht hat,
> - andere Erwartungen oder Bedürfnisse hat,
> - seine Erwartungen oder Bedürfnisse bei einer anderen Person/Firma besser gewahrt sieht.
> - Sie auf die Probe stellen will, um zu prüfen, wie sicher Sie zu Ihrer Lösung und dem Angebot stehen. Das geschieht vor allem dann, wenn der Kaufentschluss im Prinzip gefallen ist.

Verkauf ohne Einwände gibt es nicht. Wiegen Sie sich daher nicht in falscher Sicherheit, wenn Ihr Partner keine Einwände macht. Einwandbehandlung sollte präventiv geschehen und nicht reaktiv. Also sprechen Sie mögliche Einwände, die Sie aus anderen Kundengesprächen kennen, direkt an:

> „Herr Kunde, Sie werden sich wahrscheinlich fragen, ob wir die Anlage auch mit russischsprachigen Endgeräten haben und ob die Handbücher lokalisiert sind. Deshalb habe ich hier bereits eine Übersicht über die vorhandenen Sprachen vorbereitet."

> Oder: „Herr Kunde, in Bezug auf die Skalierbarkeit: bei dieser Lösung können Sie bis zu vier Server clustern/den Output der Anlage bis auf 1.500 Stück pro Stunde ausbauen."

Begrüßen Sie Einwände und Widerspruch. Ihr Kunde bringt Einwände meistens nicht vor, weil er Ihren Vorschlag ablehnt, sondern um ihn zu verarbeiten. Er kann erst dann akzeptieren, wenn er Zeit genug hat, eigene Meinungen, Kritik und Bedenken dagegen zu setzen.

Sie erfahren durch einen Einwand Einstellungen, Bedenken, Abneigungen und Bedürfnisse Ihres Kunden. Sie haben daher die große Chance, an dieser Stelle anzuknüpfen und das Gespräch weiterzuführen.

Es sei erwähnt, dass Beratungsverkäufer die meisten Einwände erhalten und Hochdruckverkäufer die meisten Vorwände (keine Zeit, kein Interesse, kein Budget, wir sind sehr zufrieden usw.). Dies hängt mit fehlender Empathie seitens des Verkäufers zusammen. Sie müssen dem Kunden das Gefühl geben, dass er Ihnen erstens vertrauen kann und Sie zweitens an einer Verbesserung seiner derzeitigen Situation interessiert sind und hier absolut ehrlich in Bezug auf Ihre Leistungsmöglichkeiten sind.

> Merke: Zuhören und Fragen stellen erzeugt Vertrauen. Zuhören und gezielte Informationen geben erzeugt Glaubwürdigkeit.

Es gibt verschiedene Typen von Einwänden:
1. Unausgesprochene Einwände
2. Ausgesprochene Einwände
   - Eindeutig unsachlich
   - Bedarfsbezogen
   - Eindeutig sachlich

11.1 Unausgesprochene Einwände

Strategie:

Sie müssen *unbedingt* Ihren Partner aktivieren. Vor allem *offene* Fragen zwingen ihn zum Nachdenken, zur Stellungnahme.

> **Beispiele**
> - „Was halten Sie davon?"
> - „Wie denken Sie darüber?"
> - „Welche Erfahrungen haben Sie gemacht?"
> - „Wo sehen Sie Ansatzpunkte?"
> - „Was meinen Sie?"
> - Aber auch: „Ich habe den Eindruck, Sie sind noch nicht ganz überzeugt. Welche Bedenken haben Sie?"

11.2 Ausgesprochene Einwände

11.2.1 Eindeutig unsachliche Einwände

Beispiele: „Ihre Firma ... sitzt auf einem hohen Ross."
Strategie:
Sie sollten grundsätzlich nicht auf unsachliche Einwände eingehen.

Ausnahme: Sollte Ihr Gesprächspartner allerdings auf einer Stellungnahme beharren, bleibt Ihnen nichts anderes, als zu reagieren. Sagen Sie zum Beispiel: „Ich habe den Eindruck, dass Sie schlechte Erfahrungen mit unserem Unternehmen gemacht haben."
Oder: „Wie sind Sie zu diesem Eindruck gekommen?"

Meistens wird sich dann Ihr Partner äußern und die Atmosphäre wird auf eine sachliche Basis zurückgeführt. Sie haben dann die Chance, zum Beispiel mögliche Vorurteile abzubauen. Bleiben Sie in solchen Situationen *immer* ruhig, sachlich und verbindlich. Ihr Gesichtsausdruck sollte dabei freundlich und verständnisvoll sein. Bedenken Sie aber auch, dass Ihre Reaktionen Ihrem Typ entsprechen müssen, damit Sie glaubwürdig wirken.

11.2.2 Bedarfsbezogene Einwände

Wir unterscheiden zwei Dimensionen von bedarfsbezogenen Einwänden: Eindeutig sachliche Einwände, die sich direkt auf Ihr Angebot beziehen und die auch als solche einwandfrei zu identifizieren sind, sowie Einwände, die aufgrund ihrer Aussage keine eindeutige Differenzierung zwischen sachlichem Hintergrund und Vorwand (keine Zeit, kein Geld/Budget, kein Interesse usw.), zulassen.
Strategie:
„Wenn Sie jetzt das Budget hätten – würden Sie kaufen?"
Lautet die Antwort „Nein", fragen Sie nach den konkreten Gründen.
Bei der Antwort „Ja" können Sie beispielsweise ein Finanzierungsangebot anbieten (zum Beispiel Leasing, Zahlungsaufschub).

11.2.3 Eindeutig sachliche Einwände

Diese Einwände beziehen sich meistens direkt auf Ihr Angebot und sind in der Regel zu begrüßen. Bedenken Sie, dass Ihr Gesprächspartner Ihren Gedanken folgen und neue Informationen erst verarbeiten muss. Ihr Kunde hat den Wunsch nach mehr und besserer Information.

Ihre Argumente beeinflussen die Denkrichtung Ihres Partners. Er wird die Inhalte ihrer Aussagen prüfen und seiner speziellen Situation gegenüberstellen. Punkte, die er nicht verstanden hat, Bedenken, Skepsis oder gar direkte Ablehnung werden Sie dann als Einwand empfinden.

Beispiele
- „Die Vorteile leuchten mir nicht ein."
- „Glas muss aber auch einwandfrei gebohrt werden."
- „Ich weiß nicht, ob sich solch eine Maschine für uns lohnt."
- „Ein Links-rechts-Lauf hat auch der Wettbewerb und dann ist deren Maschine noch wesentlich billiger."
- „Gewähren Sie einen Nachlass bei Barzahlung?"
- „Das Gerät scheint mir aber kompliziert zu sein."
- „Ich möchte die Anschaffung zunächst einmal zurückstellen."

Gefahren:
- Viele dieser Einwände werden durch folgendes Verhalten des Verkäufers selbst verursacht:
- Behauptungen,
- zu wenige Fragen,
- zu vieles Reden,
- zu wenig Zuhören,
- schlechte Vorbereitung,
- unglaubwürdige Übertreibungen,
- abwertende Aussagen gegenüber dem Wettbewerb,
- zu wenig Verständnis für die Kundensituation.
- Der Verkäufer überhört den Einwand oder nimmt diesen Einwand nicht ernst. Der Partner kann dadurch verärgert werden; keine günstige Basis für ein erfolgreiches Gespräch.
- Der Verkäufer empfindet den Einwand als massiven Angriff und reagiert ungehalten. Als Folge verschlechtert sich die Gesprächsatmosphäre.

Strategie:
Bedenken Sie: Jedes Angebot hat Vor- und Nachteile. Das weiß auch Ihr Kunde. Entscheidend für einen Kaufentschluss ist letztlich das Überwiegen der Vorteile und des Nutzens sowie das gute Gefühl. Für Sie bedeutet dies, jeden Einwand ernstzunehmen.

Versuchen Sie, die Gedanken Ihres Gesprächspartners nachzuvollziehen und sich in seine Situation zu versetzen.

1. Bleiben Sie ruhig und sachlich. Drücken Sie nicht schon durch Mimik, Gestik oder Haltung Ihren Unwillen über den Einwand aus (positive Grundeinstellung).
2. Lassen Sie den anderen unbedingt ausreden und hören Sie ihm interessiert zu (aktives Zuhören).
3. Legen Sie unbedingt eine (Denk-) Pause ein, bevor Sie antworten.
4. Reflektieren Sie, Ihr Partner hat dann das Gefühl, dass Sie ihn verstanden haben.
5. Versuchen Sie, sich mit den Wünschen (Einwänden) Ihres Partners zu identifizieren. Erst müssen Sie verstehen, was er erreichen will, bevor Sie den Einwand beantworten bzw. (noch besser) entkräften können.
6. Antworten Sie knapp und präzise. Versuchen Sie immer, ruhig und sachlich zu sprechen und Ihre Emotionen unter Kontrolle zu halten.

Grundsätzlich werden Sie auf sachliche Kundeneinwände sofort eingehen. Es gibt aber auch Ausnahmen.

Problem:
Manchmal ist auch ein guter Verkäufer überfragt. Er kann auf einen Einwand keine zufriedenstellende Antwort geben. Viele Verkäufer machen nun den Fehler, krampfhaft nach einer Antwort zu suchen. Eine schlechte Antwort gefährdet aber den Verkaufserfolg, besonders wenn der Einwand ernsthafter Natur ist.

Strategie:
Unkenntnis eingestehen. Es verzögert zwar manchmal den Verkaufserfolg, erzeugt in der Regel aber Respekt vor der Zuverlässigkeit des Verkäufers. Das Risiko eines Misserfolges ist dabei geringer als bei einer schlecht durchdachten Antwort.

Versuchen Sie aber trotzdem, eine zufriedenstellende Lösung zu finden, indem Sie den Einwand notieren und die Antwort später – nach Rückfragen oder Nachlesen – geben. Sie zeigen mit dieser Methode, dass Sie Einwände nicht leichtfertig behandeln, und erzielen bei Ihrem Partner ein Vertrauensplus.

Wichtig: Vergessen Sie nicht, die versprochene Antwort schnell zu geben, und seien Sie ehrlich.

11.3 Einwänden begegnen

Im Rahmen dieses Buches stellen wir lediglich das prinzipielle Vorgehen am Beispiel des Preises vor.

Der kluge Verkäufer behält nicht Recht – er verkauft.

Die bewährtesten Methoden dabei sind:

1. den Kunden ausreden zu lassen und aufmerksam zuzuhören,
2. Ruhe zu bewahren, sich nie provozieren zu lassen, sich nicht zu streiten!
3. den Einwand in eine Frage („Vielen Dank für Ihre Frage …") zu verwandeln,
4. die Hintergründe des Einwandes zu analysieren,
5. Einwände mithilfe von Referenzen zu beantworten,
6. übertriebene Einwände zu versachlichen,
7. Einwände vorwegzunehmen,
8. witzige oder unrealistische Einwände zu machen.

Je professioneller, entspannter und sympathischer Sie mit den Einwänden umgehen, den Verkaufsdruck herausnehmen und die Kunst des diplomatischen Nachgebens anwenden, desto erfolgreicher werden Sie sein.

Die Methoden der Vorwandbehandlung führen den Verkäufer zur Bedarfsermittlung. Die Methoden der Einwandbehandlung führen den Kunden wieder zum Nutzwert.

Beherzigen Sie dabei folgende fünf Regeln:

Regel 1: Ausreden, … ausschimpfen, erleichtern lassen

Regel 2: Verständnis zeigen und geschickt nachgeben, Standpunkt wechseln

- „Ich gebe Ihnen völlig recht …"
- „… als ich den Preis zum ersten Mal gehört habe …"
- „… auf den ersten Blick scheint dieser Preis …"
- „Ich muss Ihnen ehrlich sagen …"
- „… viele Kunden, die diesen Preis zum ersten Mal gehört haben, waren zuerst etwas vorsichtig …"

Regel 3: Nicht herumstreiten

- In Kleinigkeiten nachgeben
- Bedeutungsbedürfnis des anderen stärken

> Regel 4:
> - Fehler offen eingestehen
> - Fehler vorwegnehmen

> Regel 5: Versuchen Sie, bekannte Einwände vorwegzunehmen und sprechen Sie diese an.

11.4 Methoden der Preis-Argumentation

Tabelle 11.1 führt einige bekannte Methoden auf.

Wenn Kunden dem Verkäufer den (angeblich) niedrigeren Wettbewerbspreis vorhalten, sprechen sie meist nur vom Beschaffungspreis des Produktes bzw. dem Tagessatz (für Beratung, Training usw.). Lassen Sie sich nicht ins Bockshorn jagen. Wenn es immer nur um den Preis gehen würde, dann stünde in allen Wohnräumen nur „Billy" – das günstige Regal von IKEA – und Mercedes hätte keinen Platz in einem Fuhrpark.

> Finden Sie heraus,
> 1. welche Produkte des Wettbewerbs mit den Ihrigen verglichen werden, ob es Unterschiede in den Produktmerkmalen und Eigenschaften gibt. Längere Haltbarkeit oder Wartungsintervalle, höhere Belastbarkeit und viele weitere Merkmale/Eigenschaften können vielleicht belegen, dass Ihr Produkt günstiger ist.
> 2. Alle Kosten und Bedingungen gehören auf den Tisch. Insbesondere bei Projekten, aber auch im reinen Produktgeschäft fallen in der Regel noch zum Teil erhebliche Zusatz- und Betriebskosten an:
>   - Beschaffung:
>   Produkt, Dienstleistung
>   Vorbereitung
>   Installation, Implementierung, Durchführung
>   Schulung
>   Nebenkosten (Reisekosten, Lizenzen …)
>   Nachbereitung (Dokumentation, Handouts …)

- Betrieb:
  Betriebsmittel/Zubehör
  Energie
  Ersatzteile
  Garantie
  Mängelhaftung (Gewährleistung)
  Personalbedarf
  Raum/Fläche
  Service (Aktualisierung …)
  Wartung
  Entsorgung

Tab. 11.1 Methoden der Preis-Argumentation

Ablenkmethode:	Auf der anderen Seite sollten Sie bitte folgende wichtigen Gesichtspunkte berücksichtigen … Mal abgesehen davon, dass Ihr Bedarf aktuell nicht der größte ist, so ist es doch für Sie sicher immer interessant … Gleichzeitig bieten wir Ihnen im Bereich der Garantieleistung drei Jahre mit vier Stunden Reaktionsservice vor Ort an.
Aktivierungsmethode:	Den Kunden dazu bringen, etwas zu demonstrieren oder selbst zu machen.
Aufwandmethode:	Beispiel: Die Mehrkosten machen täglich so viel aus wie eine Schachtel Zigaretten kostet
Differenzmethode:	Nur den Preisunterschied zwischen zwei Modellen nennen und in Relation zur Nutzungsdauer und Ihrem Mehrwert setzen
Divisionsmethode:	Die Investition/den Preis umlegen auf kleinere Einheiten (je Stück, Tag, Mitarbeiter).
Leistungsmethode:	Weitere Leistungen nennen, die im Preis eingeschlossen sind.
In-den-Fokus-Methode:	Verkäufer: „Ja, wenn Sie bereits mit einem Anbieter zusammenarbeiten, dann könnten wir bei einem Gespräch einmal prüfen …" Verkäufer: „Genau deshalb/eben darum rufe ich Sie an … dann kann es ja nur von Vorteil sein, wenn Sie sich einmal informieren, welchen Mehrwert ein Real-Time-Performance-Management-System hat." Kunde: „Der Wettbewerb ist 100 € günstiger." Verkäufer: „Gerade das ist der Grund, sich für uns zu entscheiden. Schlussendlich kommt es weniger darauf an, billiger einzukaufen, sondern dass Sie die gesteckten Ziele mit der Lösung erreichen, stimmt's?"

11.4 Methoden der Preis-Argumentation

Tab. 11.1 (Fortsetzung) Methoden der Preis-Argumentation

	Verkäufer: „Ich bin froh, dass Sie mich wegen der Rate fragen, weil mir das die Möglichkeit gibt, den Mehrwert der Lösung noch einmal zu unterstreichen: …" Kunde: „Senden Sie mir Informationen zu." Verkäufer: „Gerne informiere ich Sie bedarfsorientierter. Ein persönliches Gespräch wäre sinnvoll, um einmal gemeinsam zu prüfen, wie eine Angebotsauswahl auf Ihre genauen Anforderungen passt. Ich bin nächste Woche in der Gegend."
Mehrwertmethode:	Nutzen + Mehrwert im Vergleich zur Investition darstellen.
Minus-Plus-Methode:	„Ja, der Preis ist tatsächlich höher. Nur überlegen Sie sich bitte …"
Motivierungsmethode:	Fragen, um die Vorstellungen des Kunden zu erfahren.
Multiplikationsmethode:	5 Min. Zeitgewinn pro Tag/Mitarbeiter bedeuten bei 200 Beschäftigten 3.666 h/Jahr oder die Kapazität von 2 Mitarbeitern!
Nutzenmethode:	Der tägliche Zeitgewinn gemäß folgender Tabelle kompensiert eine (Mehr-)Investition in beträchtlicher Höhe.
	Annahmen: Arbeitskosten*: 250 € pro Arbeitstag für Angestellte Arbeitszeit: 8 h/Tag, 220 Tage/Jahr Nutzungsdauer: 4 Jahre * Quelle: Statistisches Jahrbuch; In vielen Kalkulationen wird jedoch mit 1 €/Min. = ca. 500 €/Tag gerechnet. Sie brauchen für diesen Fall nur die Beträge der folgenden Tabelle zu verdoppeln.
	täglicher Zeitgewinn / **(Mehr-)Investition je Mitarbeiter** 1 Min. — 458 € 3 Min. — 1.374 € 5 Min. — 2.290 € 10 Min. — 4.580 € 20 Min. — 9.160 € 30 Min. — 13.740 € 45 Min. — 20.610 € 60 Min. — 27.480 €
Relationsmethode:	Mit einem viel teureren Modell vergleichen. Der Preis wirkt kleiner.
Rückfragemethode	„Mal angenommen, die Datenqualität wäre kein Problem, wie sieht die Gesamtlösung dann für Sie aus?"
Vorwegnahmemethode:	„Sie könnten nun denken, dass das Produkt zu teuer ist …"

Höhere Betriebskosten oder nicht enthaltene Leistungen beim Mitbewerberprodukt können die Differenz beim Beschaffungspreis durchaus leicht egalisieren oder übersteigen!

Streben Sie deshalb – „auch im Interesse des Kunden" – eine detaillierte **Vollkostenrechnung** und **Nutzenkalkulation** über den Nutzungszeitraum an. Das Ergebnis wird eine qualifizierte Entscheidungsgrundlage sein. Wenn Sie mit Ihrem Angebot dabei schlechter abschneiden, wissen Sie, woran Ihr Unternehmen arbeiten muss.

Die Formel lautet:

Rendite = (Nutzen + Mehrwert) ./. (Beschaffungskosten + Betriebskosten)

Und wie sagte schon John Ruskin (engl. Sozialreformer 1819–1900): „Das Gesetz der Wirtschaft verbietet es, für wenig Geld viel Leistung zu erwarten." Und andere meinen, dass man folgende Dinge nicht gleichzeitig bekommen kann: beste Leistung zum niedrigsten Preis und höchster Qualität sowie schnellster Lieferung. Mit anderen Worten: Was hilft ein billigeres Produkt, das nicht rechtzeitig geliefert wird?

Zu guter Letzt als Beispiel zwei mögliche Gesprächsabläufe zu zwei häufigen Einwänden „Sie sind zu teuer" und „Der Projektleiter hat entschieden":
1. „Sie sind zu teuer."
(Angeblich bringen die Mitbewerber die gleiche Leistung zum niedrigeren Preis.)
2. „Der Projektleiter hat sich für einen anderen Lieferanten entschieden."

Beispiel „Sie sind zu teuer"

Kunde: „Sie sind zu teuer."
Verkäufer: „Ist mein Angebot sonst in Ordnung? Passt die Lösung, so wie sie ist?"
Kunde: „Ja."
Verkäufer: „Wir versuchen immer, unseren Kunden passende und wertvolle Lösungen anzubieten. Die Praxis zeigt allerdings, dass ein Preisunterschied meist auch einen Unterschied in Qualität und Leistung bedeutet. Mit was vergleichen Sie uns?" *(Äpfel und Birnen)*
Kunde: „Mit Wettbewerbern."
Verkäufer: „Darf ich das billigere Angebot mal sehen?" *(gleiche Leistung?)*
Kunde: „Nein."
Verkäufer: „Wir können Ihre Investition reduzieren. Dazu müssten wir besprechen, auf welche Leistungen Sie verzichten wollen."
Kunde: „Ich will auf keine Leistung verzichten."
Verkäufer: „Was ist der Grund, weshalb Sie das billige Angebot noch nicht angenommen haben?"
Kunde: „Wir befinden uns im Entscheidungsprozess. Der Mehrpreis ist nicht gerechtfertigt. Ihre Leistung ist nicht so viel besser, wie sie teurer ist."
Verkäufer: „Welches sind denn die Punkte, in denen wir zusammenpassen?"
Kunde: „…"
Verkäufer: „Wollen Sie mir denn eine Chance geben?"

11.4 Methoden der Preis-Argumentation

(Der Kunde benutzt den Verkäufer entweder zum Drücken des Preises oder er will tatsächlich bei ihm kaufen, aber zu einem niedrigeren Preis.)
Kunde: „Ja." (Sagt der Kunde „Nein", können Sie ähnlich wie im nächsten Beispiel vorgehen.)
Verkäufer: „Nur mal angenommen, ich würde auf den Preis des Mitbewerbers eingehen, würde ich dann den Auftrag bekommen?"
Kunde: „Ja, aber wir verhandeln mit den anderen auch noch."
Verkäufer: „Was ist denn an den anderen Angeboten besser?"
Kunde: „Der Preis."
Verkäufer: „Was ist denn bei meinem Angebot besser (siehe Tab. 11.2)?"
Verkäufer: „Nur mal angenommen, der Mitbewerber ist 20 % billiger ..."
Kunde:
Keine Reaktion = der Wettbewerb ist teurer (weniger als 20 % Preisunterschied)
Reaktion = der Wettbewerb ist noch billiger
Verkäufer:
Verhandeln (siehe Kap. 10)

Beispiel „Der Projektleiter hat entschieden"

Kunde: „Die Entscheidung hat der Projektleiter/haben andere getroffen."
Verkäufer: „Schade. Was meinen Sie, welche drei Gründe waren für die Entscheidung ausschlaggebend?"
Kunde: „... *(Auf der Nennung von drei Gründen „bestehen", denn einer wird sowieso der Preis sein. Nach dem Eisberg-Prinzip (siehe Kap. 3) liegt der Preis oberhalb der Wasserlinie. Wenn 70–100 % des Verhaltens jedoch von Faktoren unterhalb der Wasserlinie bestimmt werden, könnte sich das wie folgt anhören:* „Sie haben keine Installation/Referenz in unserer Branche." *= fehlende Sicherheit;* „Das Projekt ist für uns sehr wichtig, wir wollen dieses Mal noch bei unserem bisherigen Lieferanten bleiben." *= mangelndes Vertrauen oder feste Beziehung zum bisherigen Lieferanten usw.)*
Verkäufer: „Nehmen wir einmal an, wir könnten diese Punkte künftig besser bedienen, inwieweit würden dann unsere Chancen steigen?"
Kunde: ... *(Ohne Druck zu machen, quasi im Smalltalk, versuchen, beim Gesprächspartner die entscheidenden Schlüsselfaktoren des Entscheiders herauszufinden.)* ...
Verkäufer: „Hätten wir Ihrer Ansicht nach noch eine Chance, den jetzigen Auftrag doch noch zu bekommen?"
Kunde: „... nein ..."
Verkäufer: „Was sollten wir Ihrer Meinung nach für künftige Projekte tun, um uns bei den Entscheidern mit unserem Lösungsangebot und unseren Möglichkeiten/Fähigkeiten besser zu positionieren?"
Kunde: „..."
Verkäufer: „Wer ist denn an der Entscheidungsfindung hauptsächlich beteiligt?"
Kunde: ... *(das Beschaffungsnetzwerk des Kunden erkennen)* ...

Tab. 11.2 Angebotsvergleich

Kunde	...	Mitbewerber	Aspekt
	Inhalt	besser	
		gleich	
		schlechter	
	Preis	niedriger	
		gleich	

Verkäufer: „Danke für die Info und die bisherige Zusammenarbeit. Ich wünsche Ihnen jetzt viel Erfolg und freue mich, wenn wir beim nächsten Mal wieder eine Chance erhalten, mit Ihnen ins Geschäft zu kommen. Wann darf ich mich bei Ihnen wieder melden?"

Verlieren Sie mit Anstand! Verschaffen Sie sich einen positiven Abgang und denken Sie darüber nach, was Sie und Ihr Unternehmen beim nächsten Mal anders machen werden.

Der positive Eindruck, den Sie hinterlassen, kann erfahrungsgemäß schneller zum Erfolg führen, als Sie dies im Augenblick der „Niederlage" glauben. Wer sagt denn, dass der Gewinner des Auftrags wirklich einen „Preis-werten Job" macht und sein Versprechen halten wird?

> Grundsätzlich gilt: Nutzen Sie Lob bei Einwänden!
> - „Das ist ein wichtiger Hinweis, Danke!"
> - „Gut, dass Sie darauf noch mal zurückkommen ..."
> - „Eine wichtige Frage in dem Zusammenhang ..."
> - „Gut, dass Sie das gleich ansprechen ..."
> - „Sie gehen der Sache auf den Grund ..."
> - „Das ist ein offenes Wort ..."

Vergessen werden darf auch nicht, dass der Kunde letztendlich das Gesamtpaket aus harten und weichen Faktoren für seine Entscheidung heranzieht. Eine große Rolle spielt es, ob die Chemie stimmt und wie der Umgang mit den anderen Mitarbeitern, zu denen der Kunde Kontakt haben kann, aussieht.

Die von den Kunden akzeptierte Preisdifferenz zwischen Ihrem Angebot und dem Ihrer Mitbewerber ist letztlich Ausdruck seiner Wertschätzung der Leistung Ihres Unternehmens. Darüber lohnt es sich, in jedem Fall nachzudenken.

Literaturverzeichnis

1. Ariely, D.: Denken hilft zwar, nützt aber nichts. Droemer/Knaur, München (2008)
2. Bartsch, A.: Lieferantenwert. Auswirkungen der Eigenschaften von Lieferanten auf Nutzen und Aufwand bei industriellen Kunden. Gabler Edition Wissenschaft, Wiesbaden (2005)
3. Cathcart, J.: Relationship Selling. Perigee Books, New York (1990)
4. Cialdini, R.B.: Die Psychologie des Überzeugens. Ein Lehrbuch für alle, die ihren Mitmenschen und sich selbst auf die Schliche kommen wollen. Huber, Bern (2009)
5. Damasio, A.R.: Descartes' Irrtum: Fühlen, Denken und das menschliche Gehirn. List, Berlin (2004)
6. Detroy, E.N. (Hrsg.): Das große Handbuch für den Verkaufsleiter. Moderne Industrie, Landsberg am Lech (1998)
7. Detroy, E.N.: Sich durchsetzen in Preisgesprächen und -verhandlungen. Moderne Industrie, Landsberg am Lech (2002)
8. Egger, U.: Erfolgreich im Win-win-Verkauf, salesbusiness 2007-04, (2007). http://www.salesbusiness.de/Premium-Inhalt/176/12425/Erfolgreich-im-Win-Win-Verkauf.html. Zugegriffen: 9. März 2012
9. Fachartikel Hans Fischer, Archiv Deutscher Vertriebs- und Verkaufsanzeiger
10. Godefroid, P., Pförtsch, W.A.: Business-to-Business-Marketing. Kiehl, Herne (2003)
11. Grimm, P.: Der verratene Verkauf. Gabal, Offenbach (2001)
12. Grossmann, M.: Die 10 Schritte zum Verkaufserfolg. Expert, Renningen (2008)
13. Häusel, H.G.: Emotional Boosting, Haufe-Lexware, Freiburg (2010)
14. Heinrich, S.: Verkaufen an Top-Entscheider. Gabler, Wiesbaden (2008)
15. Hofbauer, G., Mashhour, T., Fischer, M.: Lieferantenmanagement. Die wertorientierte Gestaltung der Lieferantenbeziehung. Oldenbourg, München (2009)
16. Large, R.: Interpersonelle Kommunikation und erfolgreiches Lieferantenmanagement: Eine Kausalanlayse des externen Kommunikationsverhaltens von Beschaffungsmanagern. DUV, Wiesbaden (2003)

17. Loy, A.: Consultative Value Selling: Mehrwertorientierte Kundenbindung. Expert, Renningen (2006)
18. Markowitsch, H.J.: Warum wir keinen freien Willen haben. In: Psychologische Rundschau 55, 163–169 (2004)
19. Miller, G.A.: The magical number seven, plus or minus two: Some limits on our capacity for processing information. PSR 63, 81–97 (1956); http://www.musanim.com/miller1956. Zugegriffen: 9. März 2012
20. Miller, R., Heiman, S.: The new strategic selling. Kogan Page, London (2004)
21. Nagel, K.: Weiterbildung als strategischer Erfolgsfaktor. Moderne Industrie, Landsberg am Lech (1994)
22. Priddat, B.: Neuroökonomie. Metropolis, Marburg (2007)
23. Reilly, T.: Value-added selling techniques. Congdon & Weed, New York (2010)
24. Vogelauer, W. (Hrsg.): Coaching-Praxis: Führungskräfte professionell begleiten, beraten und unterstützen. Luchterhand, Neuwied (2005)

Index

A
Akquisition 82, 109
Aktives Zuhören 18, 62, 95, 109, 138, 145
Alleinstellungsmerkmale 33, 138
Aufmerksamkeit 8, 9, 23, 42, 75, 79, 91, 122
Autorität 22, 30

B
BANT-Kriterien 11, 30
Bedarf erkennen 57, 103, 114
Bedarf bewusst machen 34, 106, 114
Bedarfsanalyse 39, 60, 61, 70, 74, 75, 103, 146
Bedürfnisse 4, 12, 44, 57, 61, 65, 76, 85, 91, 141
Belohnungsverarbeitung 41
Berater 5, 43, 57, 62, 104, 106
Beratungsverkauf 57, 63, 65, 68, 85, 142
Besitzstreben 46
Bestrafungswert 47
Beweis erbringen 8, 29, 33-35, 71, 114
Bewertung 42-44, 47, 52, 53
Bewusstseinsprozess 40, 45, 53
Beziehungsebene 83
Beziehungsverkauf 66-68, 69, 85
Beziehungsorientierter Verkaufsansatz
Buying-Center 31, 52, 61-63, 93, 103, 115, 127

D
Differenzierung 19, 49, 53, 63, 71, 124, 132

E
Einwandbehandlung 69, 141-152
Eisberg-Modell 15, 16
Emotion 17, 18, 20, 21, 38-54
  - Umgang mit E. 53, 54
Emotional Boosting 50, 54, 56
Empathie 42, 44, 47
Entscheidergruppen 61-63
Entscheidernetzwerk 62
Entscheidungsfindung 34, 38, 41, 47, 48, 52, 63, 65, 77, 106, 151
Entscheidungskriterien 48, 95, 115, 126
Entscheidungsmechanismus 76, 77
Entscheidungsprozess 52
Entscheidungsregeln 46
Entscheidungsträger 10, 47, 60, 76, 78, 93
Erfolgsfaktoren 27, 36, 80, 87, 91
Erwartunghaltung 42, 48, 51, 136

F
Facial Coding (Bewertungsverfahren) 49, 50, 54
Faktoren
  - harte 89, 152
  - weiche 89, 152
Fragenleitfaden 24, 25

155

Funktionsweise des Gehirns 37-39, 40
Fragearten 30, 95-111
Fragetechnik 4, 26, 95-111

G

Glaubwürdigkeit 40, 41, 51, 62, 82, 83, 89, 90
Glücksgefühl 39

H

Handlungsalternativen 45, 52
Hirnforschung 6, 37-40, 43, 49
Hirnzustand 40

I

Innovation 5, 79, 71, 88, 89, 111, 125
Irrationalität 47-54

K

Kalkulierbarer Nutzen 19, 114, 120, 121, 126
Kaufentscheidung 10, 16, 30, 38, 40-42, 51
Kaufmotive 1, 23, 95, 103, 119
Kaufreue 60
Kaufverhalten 40
Kundenloyalität 41, 59
Kundenorientierung 72, 84
Kundenprobleme 22, 23, 26, 58, 66

L

Leistungsmerkmale 58
Leistungsversprechen 51
Lieferantenauswahl 31
Lieferantenmanagment 89
Limbische Instruktion 45
Limbisches System 38, 39, 41, 45, 46, 52

M

Mehrwert 59, 62, 64, 65, 69, 71, 75-95, 119, 120, 128, 138, 148, 150
Mehrwertfaktoren 59, 85-87
Mehrwertverkäufer 122
Mehrwertversprechen 91-93, 128, 129

Mental Accounting 45
Messkriterien 78-80, 92
Mitarbeiterzufriedenheit 89, 92, 124
Motive 15-18, 21-23, 25, 27, 46, 54, 76, 94, 95, 102, 103, 109-111, 119-121

N

Neuromarketing 40
Neuroökonomie 47-53
Neurowissenschaft 37-40
Nutzenargumentation 51, 60, 61, 65, 76, 79, 113-129
Nutzenargumente 12, 18, 55, 77, 79, 89, 95, 120
Nutzenaussagen 10, 90, 91
Nutzenkalkulation 34, 115, 122, 132
Nutzenmaximierung 48, 51
Nutzenpräsentation 62, 77, 90, 122, 129
Nutzen
- emotionaler 65, 67
- rationaler 67

P

Potenzialwert 114, 123-126
Präsentation 49, 51, 54, 60, 67, 77, 79, 90, 91, 117-129
Preisargumentation 133
Preisdifferenzierung 132, 134
Preisverhandlung 119, 134-137
Prestige 17, 87, 93, 111, 119, 138
Priming-Effekt (Wiedererkennungswahrscheinlichkeit) 39
Problemlösung anbieten 30-36
Produktmerkmal 39, 114, 119, 120, 134, 149
Produktnutzen 16, 87

R

Rationalität
- begrenzte 47, 48
Reizüberflutung 38
Risikoneigung 52
ROI 65, 78, 79, 89, 90, 92, 114, 128

S

Selling-Center 62, 63
Sicherheit 9, 17, 50, 51, 89, 98, 110, 119, 121, 124, 125, 141
Strategische Partnerschaft 59
Strategisches Verkaufen 60, 61
Sympathie 1, 42-44, 61

T

Training 3, 49, 50, 54-56, 64, 82, 105, 110, 147

U

Unbewusstsein 45, 48

V

Verfahren zur Messung der Gehirnaktivität (MRT, fmrt, PET) 37
Verkaufsstile 55-74

Verhaltenmuster 48
Verhandeln
  - nutzenorientiert 131-140
Verkaufspräsentation 44
Verknappung 69
Vertragsbeziehung 50
Vertrauensentscheidung 51, 52

W

Wahlmöglichkeiten 51, 106
Wertschätzung 152
Wertschöpfung 6, 13, 58, 59, 66
Wertschöpfungskette 57, 61, 62, 64, 65

Z

Zielgruppenauswahl 69, 70, 72
Zusatznutzen 59, 82, 85, 87

Die Autoren

Thomas Menthe studierte Informatik mit dem Schwerpunkt BWL. Anschließend sammelte er 15 Jahre Erfahrung im Bereich Training, Verkauf und Verkaufsmanagement in der IT-Industrie und bei marktführenden Unternehmen. Seit zehn Jahren arbeitet er für Unternehmen als Berater und Trainer in allen Branchen und gründete 2001 gleichzeitig seine eigene Firma für B2C-Vertrieb. Seine Ziele sind die Nachhaltigkeit sowie die Ergebnisorientierung entwickelter Konzepte im Verkaufs- und Kundenmanagement. 2003 erhielt er den Preis „Unternehmer des Jahres". Thomas Menthe ist ein begeisternder wie auch lebendiger Redner und wurde dafür von der weltweiten Rhetorik-Vereinigung Toastmasters mehrfach ausgezeichnet. Er hat bereits sechs Bücher zu den Themen Vertrieb, Führung und Coaching veröffentlicht.

Fokusthemen:
- Key-Account-Management
- Nutzenorientierter Verkauf
- Heart-Beat-Selling-Ansatz im persönlichen Verkauf
- Verkaufsmanagement
- Führung und Coaching im B2C-/B2B-Vertrieb

Kontakt:
Thomas Menthe, Asternweg 16, D-41564 Kaarst
E-Mail: tm@thomasmenthe.de

Manfred Sieg sammelte in mehr als drei Jahrzehnten Vertriebs- und Führungserfahrung im Verkauf komplexer sowie erklärungsbedürftiger Güter und Dienstleistungen. Er arbeitete nicht nur im Großkundenumfeld, sondern auch rund 20 Jahre erfolgreich im Mittelstand und weiß um die Unterschiede zu Konzernen.

Seit 2006 ist er erfolgreich selbstständig als Experte und Sparringspartner für die ganzheitliche, vertriebsorientierte Unternehmensentwicklung. Seine Arbeitsschwerpunkte liegen im Bereich der Zukunftssicherung und vertrieblichen Ausrichtung von Unternehmen sowie der Steigerung der Effektivität und Effizienz im Vertrieb.

Sein Credo: Probleme sind die Wegweiser zum Erfolg. In jedem Problem steckt eine Lernaufgabe und damit auch die Lösung.

Zum nachgewiesenen Nutzen für seine Klienten gehören
- sehr schnelles objektives Erkennen der wahren Ursachen von Problemen, Schwierigkeiten und Engpässen,
- enormer Zeitgewinn durch methodische Lösungsentwicklung und deren Umsetzung,
- profitable Steigerung von Umsatz und Rendite,
- erweitertes Bewusstsein, neue Perspektiven,
- Ideen und Impulse,
- erhöhte Wettbewerbsfähigkeit
- sowie ein sorgenfreieres Leben.

Kontakt:
Manfred Sieg
Geschäftsführender Gesellschafter
VERUN Gesellschaft für Vertrieb und Unternehmensführung mbH
Bergstraße 42, D-75382 Althengstett
E-Mail: manfred.sieg@verun.de

Stimmen zum Buch

„Nutzen ist das Bindeglied von Käufer und Verkäufer, Auftraggeber und Auftragnehmer. Die Autoren schreiben sehr sachkundig und praxisorientiert. ‚Kundennutzen' vermittelt neue Einsichten, gibt Impulse und Inspiration, den Vertrieb in die Champions League zu führen."
Ralph Haupter, Corp. VP
CEO GCR (Greater China) China, HongKong, Taiwan, Microsoft

„Eine zielführende und praxisorientierte Anleitungen auch für den bereits ambitionierten Verkäufer. Sehr zu empfehlen!"
Thorsten Scholl, Senior Director, SymphonyIRI Group GmbH

„Die Autoren geben praktische Anleitungen und Verkaufshilfen für die Vertriebsarbeit. Sie erklären umfassend, in welchen Bereichen Verkäufer Mehrwert erzeugen können."
Armin Burmeister, Geschäftsführer, Botament® Systembaustoffe GmbH & Co. KG

„Die Themenkombination Neuroökonomie, Verkauf, Investitionsnutzen gab es bisher noch nicht. Die Themen sind praxisorientiert und gebrauchsfertig behandelt. Diese Bücher haben das Zeug zum Standardwerk und gehören auf jeden Arbeitsplatz von Verkäufern, Marketing- und Produktmanagern sowie Vertriebsleitern."
Ursula Petry, Director of Market and Client Sales, ibm.com, Europe
IBM Sales & Distribution Deutschland GmbH

„Vorbereitung, fragen und zuhören, Bedarfserkennung, individueller Nutzen: das ist Wertschätzung und damit der richtige Weg in der heutigen Zeit. Die Autoren geben praktische Anleitungen und Verkaufshilfen für den Vertriebsbereich. Im Buch wird umfassend erklärt, in welchen Bereichen Verkäufer Mehrwert erzeugen können."
Dirk Wegener, Senior Manager Sales Development,
Carlsberg Deutschland Markengesellschaft

„Ein großartiges Buch mit wertvollen Ideen und konkreten Techniken für den Einsatz im persönlichen Verkauf."
Serkan Caliskan, Senior Manger, BearingPoint GmbH